AF499831

COMPTE-RENDU

DE LA

PRATIQUE CHIRURGICALE

DE L'HOTÉL-DIEU.

COMPTE-RENDU

DE LA

PRATIQUE CHIRURGICALE

DE L'HOTEL-DIEU DE LYON,

PENDANT SIX ANNÉES,

Lu en séance publique de l'Administration des hôpitaux, le 30 décembre 1823,

PAR L. JANSON,

DOCTEUR EN MÉDECINE, CHIRURGIEN EN CHEF DE L'HÔTEL-DIEU, PROFESSEUR DE CLINIQUE CHIRURGICALE ET DE MÉDECINE OPÉRATOIRE, MEMBRE DE PLUSIEURS SOCIÉTÉS SAVANTES.

IMPRIMÉ PAR ORDRE DE L'ADMINISTRATION.

A LYON,

DE L'IMPRIMERIE DE DURAND ET PERRIN,

IMPRIMEURS DES HÔPITAUX,

Hôtel de Malte, rue du Plat, n.° 15.

M DCCC XXIV.

NOTICE HISTORIQUE

SUR

LES CHIRURGIENS EN CHEF

DU GRAND HÔTEL-DIEU DE LYON.*

LA chirurgie, si long-temps avilie par des hommes mercenaires et illettrés, repoussée du sein des universités par la plus déplorable prévention, fut un moment tirée de cet état d'abaissement, par les travaux de Pitard, de Levasseur, et surtout d'Ambroise Paré : la protection royale qu'accordèrent à ces grands hommes St-Louis, François I.er et Henri IV, éleva cette science au rang des plus utiles et des plus honorables. Mais cet éclat ne fut que passager; bientôt la plus noble des professions retomba dans la barbarie, et traversa le siècle des lumières, confondue avec les arts mécaniques, et marchant humblement der-

* Extrait du discours prononcé par l'auteur, en 1817, à l'Hôtel-Dieu, lors de son entrée en exercice.

rière sa rivale. Il ne fallut rien moins que les efforts combinés de tous les chirurgiens éclairés de l'Europe, et cette sage institution qui rendit à la médecine son unité primitive, pour restituer à la vénération publique des hommes qui en furent si long-temps et si injustement éloignés. Les Français revendiqueront toujours avec orgueil la part qu'ils ont prise à cette restauration mémorable; car, les premiers, ils osèrent secouer le joug humiliant sous lequel on les avait courbés. La plupart des grandes villes du royaume comptaient alors des chirurgiens qui faisaient retentir l'Europe entière de leurs travaux et de leurs découvertes. Lecat à Rouen, Daviel à Marseille, Vacher et Morel à Besançon, Goulard et Méjan à Montpellier, enrichissaient l'académie royale du fruit de leurs veilles et de leurs méditations. L'école de Lyon ne pouvait rester en arrière dans cet élan imprimé à la chirurgie; elle eut aussi à se glorifier de quelques noms également fameux, qui furent ceux de mes prédécesseurs : plein de vénération pour leur mémoire, qu'il me soit permis de vous rappeler, Messieurs, et les efforts qu'ils ont faits pour l'avancement de la science, et leurs titres à la reconnaissance publique.

Ne voulant offrir qu'un tableau très raccourci de la vie et des travaux de mes devanciers, je fixerai seulement l'attention sur ceux qui ont fait époque parmi nous, soit par leurs ouvrages, soit par les nouvelles institutions qu'ils ont créées, soit enfin par quelques beaux traits que l'histoire nous a conservés, ou qui nous sont parvenus par tradition.

La chirurgie lyonnaise offre trois époques remarquables, et qui chacune ont un caractère distinct. La première, la plus longue et la moins intéressante, commence à Gui-de-Chauliac, la seconde à Pouteau, la troisième à Marc-Antoine Petit.

Gui-de-Chauliac, le dernier des médecins arabistes, et le plus grand chirurgien de son temps, ramène la chirurgie à son véritable but, en dédaignant tous ces prétendus spécifiques tant accrédités par l'ignorance et le charlatanisme. Il s'adonna à l'art des opérations que des esprits trop timorés ou trop superstitieux n'osaient plus entreprendre. Les succès brillans qu'il obtint dans la pratique lui fournirent les matériaux du plus bel ouvrage qui eût paru jusqu'alors, et qui fut long-temps le seul livre classique de nos écoles.

C'est dans ce traité général de chirurgie qu'on trouve des connaissances anatomiques, des descriptions d'instrumens opératoires, et des préceptes généraux qui attestent tous les efforts auxquels s'était livré ce grand homme, pour arracher son art des mains de la barbarie : efforts d'autant plus glorieux qu'il eut à lutter, et contre l'empirisme le plus accrédité, et contre les prétendus enchantemens des chevaliers teutoniques.

Gui-de-Chauliac fut aussi un grand médecin. Appelé auprès de Clément V, qui occupait la chaire de St-Pierre, il fut envoyé dans le comtat Venaissin où régnait une épidémie pestilentielle. Il ne s'effraya pas du danger, son courage lui fit surmonter toutes les difficultés, sa sollicitude s'étendit sur tous les malheureux atteints de ce terrible fléau, et son dévouement lui valut les récompenses les plus glorieuses et le titre de premier médecin du St-Père.

Gui-de-Chauliac semble n'avoir travaillé que pour la postérité ; ses contemporains, qui sortaient des siècles d'ignorance, y furent replongés par cette déplorable distinction qu'on voulut établir entre la médecine et la chirurgie ; bornant leur ambition à se traîner servilement sur les pas des anciens, ils ne surent pas mettre à profit les travaux de celui qui leur avait ouvert une nouvelle carrière. Chose inouie! les commentateurs de Gui-de-Chauliac furent réprimandés par le corps de médecins qui crurent la dignité de leur profession compromise, parce qu'on venait de retirer de la poussière des bibliothèques, un ouvrage qu'ils y croyaient enseveli pour toujours; ainsi la force des préjugés, l'emportant sur la saine raison, rabaissait dans ces temps un mérite qui fait aujourd'hui notre gloire.

Les chirurgiens déchus de leurs plus beaux priviléges laissèrent usurper un rang qu'ils n'avaient plus la force de soutenir; on leur refusait même le droit de juger de l'importance ou de l'inutilité des opérations qui leur étaient confiées; dès-lors, la véritable philosophie de la science étant méconnue, ceux qui la cultivaient se livrèrent à toute la fougue d'une imagination déréglée, à toutes les subtilités de la scolastique; et ceux même qui, étayés de l'opinion publique, s'étaient emparés du sceptre de la médecine, ne furent pour la plupart que de savans naturalistes, de profonds théologiens, ou des médecins littérateurs.

Nous signalerons parmi ceux qui ont joui d'une réputation justement méritée, le savant et facétieux Rabelais, l'infortuné Servet, l'érudit Falconet, et le fameux St-Simphorien-Champier, un des hommes les plus lettrés et les plus éloquens de son siècle ; fondateur du collége de la Trinité, il prépara celui de médecine qui fut institué quelques années après. Allié du chevalier Bayard, il combattit avec tant de vaillance à la bataille de Marignan, que le Duc de Lorraine l'arma chevalier sur le champ de bataille.

La chirurgie reste encore dans un état stationnaire, ou plutôt de décadence, jusqu'au 18.me siècle ; pendant ce long espace de temps, elle ne s'enrichit d'aucune production, d'aucune découverte, d'aucun mode d'enseignement régulier. Toute la science ne consiste que dans une routine aveugle et trop souvent barbare ; et si de loin en loin quelques esprits supérieurs franchissent les limites qu'on leur avait tracées, ce n'est que pour se livrer à de froides compilations de la chirurgie des Arabes, ou pour préconiser quelques grandes opérations renouvelées des anciens ; tels furent Pierre Tolet, le traducteur de Paul d'Egine ; Louis Panthot, le premier qui ait pratiqué dans nos contrées l'opération césarienne ; et le grand lithotomiste l'Hermite ; mais si les chirurgiens de cette époque firent peu pour la science, ils firent souvent beaucoup pour l'humanité.

Rappelons-nous ces temps de calamité, où le plus terrible des fléaux ravageait leur malheureuse patrie, et nous les verrons tous zélés pour le bien public, les uns porter des secours aux pestiférés de Chambéry, les autres prodiguer les soins les plus empressés et les plus désintéressés à leur concitoyens; leur courage les mit toujours au-dessus des dangers qu'ils affrontaient; leur ministère triompha plus d'une fois d'un ennemi qui avait déjà moissonné tant de victimes, et la reconnaissance publique fut le prix le plus flatteur qu'ils devaient attendre de leurs nobles efforts.

Un nombreux concours d'élèves, imitant les exemples de bienfaisance et de générosité de leurs maîtres, les secondèrent de tout leur courage et de tout leur dévouement, et obtinrent la récompense la plus flatteuse dans la maîtrise qui leur fut accordée par un arrêt du consulat du 10 mai 1630.

Arrivons au moment où le plus ancien et l'un des plus beaux hôpitaux de France, produisit des hommes dignes de figurer parmi les restaurateurs et les soutiens de la chirurgie: ce beau monument dont la fondation remonte au 6.me siècle, et que nous devons à la munificence du roi Childebert, fut de tout-temps l'asile de la douleur et le refuge des malheureux, sans distinction de rang, de pays ni de religion. Là, toutes les classes de la société confondues, toutes les infortunes rapprochées, tous les maux réunis, offrent à l'œil de l'observateur le tableau le plus sévère et le plus instructif des misères humaines. Voilà l'école où se sont formés tant de grands chirurgiens, et d'où sont sortis les Clusel, les Charet, les Picard, les Daniel, et surtout Louis-de-Paradis, le père des pauvres, au soulagement desquels il consacra sa vie et sa fortune, ses dispositions testamentaires ayant été en faveur des indigens qu'il avait si souvent secourus de son art bienfaiteur. L'Administration fit ériger dans la salle des blessés, et dans celle de ses assemblées, une inscription pour perpétuer le souvenir de ces actes de bienfaisance et de la charité la mieux entendue.

Enfin parut Pierre Guillaumat, celui de tous qui eut le plus d'influence sur l'instruction publique, par les cours d'anatomie qu'il institua et qu'il professa avec éclat dans cet hôpital. Encouragé et secondé de toute manière dans une entreprise qui ne devait tourner qu'au profit de la science, il sut inspirer à ses élèves ce goût pour les dissections anatomiques qui prépare les grands succès en chirurgie; il leur montra, le premier, l'art des injections que le fameux Ruisch avait tant perfectionné quelques années auparavant; enfin il les instruisit à disputer publiquement ces places d'élèves internes, qui devaient les associer à ses travaux, les former à la pratique des opérations, et leur mériter un jour l'honneur de devenir chefs d'un service dont ils avaient pu reconnaître toutes les difficultés et apprécier toute l'importance.

Les concours publics, pour l'admission des élèves, remontent donc à une époque déjà bien éloignée; ils se sont conservés jusqu'à nous, parce qu'ils ont des avantages qu'on ne retrouverait dans aucun autre mode d'élection; c'est peut-être de toutes les institutions de nos pères, une de celles que le temps a le plus respectées, et que les bouleversemens inséparables des grandes révolutions n'ont pu ébranler : ainsi tout ce qui tient au caprice des hommes et aux préjugés du temps, n'a qu'une existence précaire; il n'y a de solide, de stable, que ce qui repose sur la justice, ou qui a pour but l'amélioration, la conservation de l'espèce humaine; c'est la force des choses qui lutte toujours avec avantage contre la force des circonstances.

Cette lice, ouverte aux talens naissans, était le plus sûr moyen d'entretenir l'émulation, d'encourager le mérite, de faire fructifier d'heureuses dispositions, d'assurer à l'Hôtel-Dieu des sujets d'une instruction suffisante et bien reconnue; aussi, quand la majorité venait à vaquer, l'Administration n'avait plus qu'à choisir, parmi ces jeunes chirurgiens, celui qui lui offrait le plus de garantie sous le rapport du savoir et de la moralité. Ainsi furent élus tous ceux dont il me reste encore à parler.

En suivant l'ordre chronologique, le premier qui se présente est Laurès; issu d'une famille qui avait déjà fourni des médecins et des chirurgiens d'un grand mérite, il soutint dignement la réputation de ses aïeux; il joignit à beaucoup d'esprit une grande dextérité dans les opérations; sa longue et brillante carrière fut marquée par de nombreux succès, et honorée de la considération publique. A l'âge de 70 ans, Laurès, cédant aux conseils de ses amis, se soumit à l'opération de la taille qui lui fut pratiquée par Pouteau; c'est alors qu'il put juger, par la sollicitude générale, par les soins que lui prodigua l'amitié, de l'estime et de l'intérêt qu'on lui portait; et pour en témoigner publiquement sa reconnaissance, le douzième jour après son opération, il se fit conduire au spectacle; à peine fut-il entré, que chacun, doutant d'un aussi prompt rétablissement, voulut s'en assurer par lui-même; bientôt il est entouré de ses amis, et applaudi par tout un public qui avait tant de raison de l'admirer et de le chérir.

Le dernier des chirurgiens-majors de cette première époque fut Grassot, à qui la nature avait prodigué toutes ses faveurs. Doué d'un beau physique, d'un esprit supérieur, il se fit remarquer surtout par cette éloquence mâle et persuasive qui n'a point encore été égalée. Tous ces avantages, réunis à une grande et solide instruction, l'élevèrent au premier rang, et lui acquirent cette haute considération dont il jouit toute sa vie.

L'académie royale de chirurgie ayant proposé, en 1743, un prix pour le meilleur mémoire sur les topiques émolliens, Grassot se mit sur les rangs, et son ouvrage fut couronné. Cette palme académique fut d'autant plus glorieuse pour lui, qu'étant alors chirurgien en chef à l'Hôtel-Dieu, il ne pouvait dérober que quelques instans à ses nombreuses occupations, et qu'il eut pour concurrent l'illustre secrétaire de cette savante société.

Grassot fut un des partisans les plus zélés de

l'inoculation de la petite vérole, et nous a laissé sur ce sujet le précis de ses observations, dans un ouvrage remarquable par la solidité des principes, la précision des faits, la correction et souvent l'élégance du style. Il quitta de bonne heure la pratique des opérations, soit par une prédilection particulière pour la médecine, soit parce qu'il allait se trouver en concurrence avec un homme qui devait laisser loin de lui tous ceux qui l'avaient précédé.

Pouteau succéda immédiatement à Grassot; il fut tout à la fois grand observateur, écrivain élégant et auteur ingénieux. C'était à lui qu'il appartenait de jeter un nouveau jour sur tant de maladies mal observées, d'inventer de nouveaux procédés opératoires, et de ressusciter d'anciennes méthodes curatives trop discréditées par ses contemporains. Le cancer, la phthisie pulmonaire, la gibbosité vertébrale, ont tour-à-tour été l'objet de ses méditations; et si l'expérience n'a pas toujours confirmé l'efficacité de quelques méthodes qu'il a vantées avec trop de complaisance, on ne saurait nier les résultats heureux qu'il en a obtenus lui-même. On le voit discuter avec la même profondeur, la même sagacité, certains points de médecine légale, éclairer du flambeau de la physiologie la légitimité des naissances précoces et tardives, et la théorie de l'asphyxie; s'élevant ensuite aux questions les plus abstraites de la physiologie, il cherche à expliquer ce phénomène si singulier, cette aberration de sensibilité, qui fait que les malades éprouvent quelquefois des douleurs atroces dans un membre qu'ils ont perdu depuis plusieurs mois; il émet des idées nouvelles sur les nerfs sensitifs et moteurs, sur la cause première des accouchemens, sur les greffes animales, sur la formation des abcès au foie, à la suite des plaies de la tête, etc. Si ses explications, quelquefois forcées, ne sont pas toujours heureuses, au moins les conséquences pratiques qu'il en déduit sont toujours profondes et lumineuses.

Pouteau se montre plus supérieur encore, lorsque, par la seule force de son génie et de son esprit d'observation, il arrive à la connaissance de quelques faits pathologiques échappés aux anciens, tels que la luxation des muscles et l'inoculation de la pourriture d'hôpital. Cette dernière maladie qui règne quelquefois épidémiquement dans nos salles de blessés, produit presque toujours des ravages incalculables. C'est par elle que nos espérances les mieux fondées se trouvent déçues, que les opérations pratiquées sous les plus heureux auspices, deviennent funestes à ceux qui les ont supportées. Combien il importait de déterminer le caractère de cette épidémie, de constater son mode de propagation, d'en faire connaître les différentes espèces, et les diverses complications! Pouteau n'avait envisagé la gangrène humide des hôpitaux que sous un seul point de vue; il était réservé à un de ses dignes successeurs de mettre la dernière main à un travail de cette importance.

Lorsque le Frère Jacques-de-Beaulieu eut fait connaître la taille latérale, on ne put, tout en reconnaissant les avantages de cette nouvelle manière de tailler par le bas appareil, se dissimuler les inconvéniens signalés par Méry. La méthode était bonne en elle-même, le procédé seul était défectueux, et comme les reproches ne portaient que sur la mauvaise confection des instrumens dont se servait Frère Jacques, de tous côtés on chercha à les modifier, à les rendre plus parfaits. C'est ce que firent Chélelden et Haukins en Angleterre, Raw en Hollande, Palluci en Italie, Lecat, Ledran, Moreau, Pouteau et le Frère Côme en France; ce dernier fut, sans contredit, le plus heureux; il imagina son lithotome caché, le plus bel instrument, après le forceps, dont se soient enrichis nos arsenaux. Il serait inutile de faire connaître ici les deux procédés inventés par Pouteau; nous dirons seulement que le célèbre Moscati les préféra à tous ceux qu'il avait vus mettre en pratique dans la capitale, lors du voyage qu'il fit en France, pour voir opérer nos lithotomistes les plus réputés.

Le génie inventif de Pouteau se montra encore dans quelques autres opérations, pour lesquelles il a imaginé des méthodes particulières ou de nouveaux procédés. Ainsi il a modifié la méthode de J.-L. Petit, pour l'opération de la fistule lacrymale; il a démontré les avantages de la ligature immédiate des artères, et les inconvéniens de celle de l'épiploon; il a confirmé la possibilité des fractures par la seule contraction des muscles : théorie que nous pourrions appuyer de quelques faits concluans, et opposer à l'opinion de la plupart des chirurgiens modernes. Enfin, c'est à lui que nous devons d'avoir rappelé l'attention des praticiens sur l'usage du feu, qui, depuis de longues années, avait été entièrement proscrit de la thérapeutique chirurgicale. Etayé de l'autorité de Prosper Alpin, de Marc-Aurèle-Severin, séduit par les avantages miraculeux que les Egyptiens et les Chinois retiraient d'un semblable moyen, Pouteau osa le proposer dans un temps où l'on ne montrait aux élèves le cautère actuel, que pour leur en inspirer de l'horreur et de l'éloignement, où tous les efforts de l'académie de chirurgie, pour en préciser les cas d'application, avaient été infructueux. Les premiers essais que Pouteau fit du moxa sur plusieurs malades de son hôpital et sur lui-même, furent couronnés d'un plein succès; ses observations dont il fit hommage à l'académie des sciences et belles-lettres de Lyon, rendues publiques, enhardirent tous les chirurgiens, et depuis ce moment le feu est devenu le moyen le plus puissant que nous ayons à opposer à beaucoup de maladies rebelles à tous les autres secours qui sont en notre pouvoir.

Voilà ce que Pouteau a fait pour la science; voilà comment il a bien mérité de l'humanité! son nom chargé de gloire ne peut être prononcé qu'avec respect dans cette enceinte, où l'un de nos prédécesseurs lui a rendu tous les hommages qui lui sont dus.

Au nom de Pouteau se joint celui de son compatriote, son collègue et ami Flurant, ancien chirurgien-major de la Charité, un des hommes qui ont le plus illustré la chirurgie lyonnaise. Professeur distingué, accoucheur célèbre et chirurgien plein de génie, Flurant se distingua de bonne heure par son ardeur pour la chirurgie et l'anatomie qu'il professa long-temps avec le plus grand succès. Ses premiers pas dans la carrière furent encouragés par les plus honorables suffrages. L'académie de chirurgie décerna le premier prix à son mémoire sur l'usage des médicamens détersifs, et l'honora du titre de membre correspondant. Son traité de splanchnologie, un mémoire sur la néphrotomie, sa nouvelle manière de pratiquer la ponction de la vessie, un nouvel instrument pour la taille des femmes, des modifications ingénieuses imprimées au forceps de Roonhuisen, tels sont les fondemens de la réputation de Flurant, l'élève de Charmeton, l'émule de Pouteau, et le maître du célèbre Bourgelat.

Les successeurs de Pouteau, marchant sur les traces d'un si grand maître, placés dans les mêmes circonstances, ajoutaient chaque jour à la célébrité dont jouissait son école, qui devint bientôt une des plus florissantes du royaume. Sa réputation s'étendit au loin; elle fut portée dans le nord de l'Europe, par un de ses dignes professeurs, Joachim Puy, qu'une auguste princesse, protectrice des sciences, avait appelé à sa cour pour y professer les principes d'un art qui, dans ses nombreux états, n'était encore qu'au berceau.

Ce qui entravait encore les progrès de la chirurgie, c'étaient des abus consacrés depuis plusieurs siècles, et sanctionnés par l'opinion publique, tels que le droit que s'étaient arrogé quelques empiriques d'exercer exclusivement certaines branches de l'art qui, entre leurs mains, était condamné à une éternelle enfance. Il fallut lutter contre des préjugés populaires, qui avaient alors force de loi, pour enrichir la science de tout ce qui était tombé en partage à l'ignorance et à la jonglerie. C'est ce qu'osa entreprendre le successeur de Puy, Joseph Guérin. Avant cet habile opérateur, les maladies des yeux n'étaient traitées que d'une manière imparfaite dans cet hôpital: deux des opérations les plus délicates de la chirurgie, celle de la cataracte et de la pupille artificielle, y étaient à peine connues. Guérin entrevit tous les avantages que la chirurgie retirerait d'une étude plus méthodique de ces affections; il en fit l'objet spécial de ses recherches;

le premier, il pratiqua et mit en vogue l'opération de la cataracte à l'Hôtel-Dieu, un des hôpitaux de France où l'on en fait annuellement un plus grand nombre, et fit connaître le résultat de ses travaux dans un des meilleurs traités sur les maladies des yeux, qu'on ait publiés dans le dernier siècle.

Chaque jour ajoutait aux connaissances déjà acquises en chirurgie, et voyait naître de nouvelles réputations; une des plus brillantes et des moins contestées fut celle de M. Bouchet le père, dont le nom cher à ses concitoyens rappelle tant d'honorables souvenirs. Personne, avant lui, n'avait réuni à un si haut degré l'art des accouchemens à celui des grandes opérations, ni l'étendue des connaissances qui forment un grand chirurgien à cette amabilité, cette urbanité qui distinguent l'homme du monde. Humain envers les malheureux, affable à l'égard de tous ceux qui imploraient les secours de son ministère, il sut se concilier tous les cœurs; investi de la confiance publique, il occupa toujours la première place parmi le petit nombre de ceux qu'on pouvait lui comparer; il recueillit le fruit de tous ces avantages devenus héréditaires dans sa famille, et quelques années de plus, son bonheur eût égalé celui dont avait joui le père de Pouteau, qui fut témoin des succès de son fils.

Enfin nous touchons au moment où l'Administration, jalouse de concilier tous les intérêts, renonce au droit d'élire elle-même le chirurgien en chef, se fait assister d'un jury médical, et appelle par la voie des concours, les élèves de toutes les facultés, au poste des Grassot, des Pouteau, des Bouchet.

La délibération qui mit la majorité au concours, ne fait pas moins d'honneur à la philantropie qu'à l'esprit éclairé des magistrats qui l'ont institué. S'ils eurent à se prémunir contre des opinions erronées et des prétentions ridicules, le premier essai qu'ils firent de cette mesure passa toutes leurs espérances; il eut pour résultat la nomination de Marc-Antoine Petit, le dernier de mes prédécesseurs dont il me soit permis de vous entretenir.

Elève du célèbre Desault, M. Petit dut, comme ce grand homme, toute son illustration à son propre mérite; comme lui, sans autre appui que le sentiment de ses forces, il se présente pour disputer publiquement le poste qu'il a occupé avec tant de distinction, et le mérite reconnu de ses concurrens fut le plus beau fleuron de sa couronne. Le maître et le disciple, oubliés un moment de la fortune, en deviennent bientôt les plus chers favoris, et s'élèvent trop au-dessus des hommes ordinaires pour n'être pas en butte aux traits de l'envie, qui se plaît à flétrir les grandes réputations.

Le premier obstacle qu'ils eurent à vaincre, fut celui de leur propre talent; on voulut mettre en doute le génie chirurgical de Desault, parce qu'on l'avait reconnu pour le plus grand anatomiste de son temps; on avait refusé des connaissances médicales à M. Petit, parce qu'il en avait de trop grandes en chirurgie; mais le temps qui seul peut triompher de la calomnie, seul aussi avait le droit d'inscrire au temple de mémoire deux noms dignes de toute notre admiration, dignes l'un de l'autre.

M. Petit pouvait aspirer à tous les genres de gloire; la flexibilité de son talent lui aurait aplani tous les chemins qui conduisent à la renommée, mais il préféra le titre de bienfaiteur de l'humanité, parce qu'il avait encore plus de qualités de cœur que de qualités d'esprit. Son ame grande et généreuse fut toujours le mobile de toutes ses actions et la source de tous ses succès. La nature lui prodigua cette sensibilité, cette douceur aimable et compatissante qu'il se plaisait à regarder lui-même comme le don le plus précieux du chirurgien. Il faut, disait-il, que celui qui se destine à l'art des opérations ait un cœur où soient entendus tous les cris de la douleur, et qui soit toujours d'intelligence avec sa main pour en modérer les degrés. Lorque M. Petit donnait ce précepte à ses nombreux disciples, il leur en fournissait l'exemple le plus frappant et le plus digne d'imitation. Que serait en effet un opérateur dont le cœur froid, l'ame endurcie, l'œil sec, ne seraient jamais attendris par le spectacle déchirant du malheureux aux prises avec la douleur! nous l'avons déjà dit : cet homme inhumain serait un opérateur et non pas un chirurgien. Il est un terme moyen à garder entre l'indifférence qui tient de la cruauté, et cet excès de sensibilité qui n'est que faiblesse et pusillanimité, ce juste milieu si nécessaire à celui qui va porter le fer ou le feu sur son semblable, c'est le sang-froid, don précieux qu'on ne peut acquérir que par une grande habitude des opérations ; mais qu'on ne s'y trompe pas, cette assurance, cette fermeté d'ame, ne sont qu'illusoires, et si l'on pouvait lire dans l'âme du chirurgien au moment d'une grande opération, on se convaincrait aisément qu'après le malheureux patient, il est peut-être le plus à plaindre et le plus souffrant. L'idée seule d'arracher à une mort certaine le malade en proie aux douleurs les plus atroces, peut nous donner cette intrépidité si nécessaire dans les grandes occasions; et qui, mieux que M. Petit, sut concilier un grand courage avec une profonde sensibilité, lorsque d'une main assurée on le voit porter quatorze fois un fer rougi à blanc dans le fond de la gorge, pour attaquer une pustule maligne jusque dans ses derniers retranchemens!

Lorsque M. Petit vint occuper la place de chirurgien en chef dans cet hôpital, il ne se contenta pas d'imiter les grands modèles qu'il avait sous les yeux; son génie le destinait à de plus hautes conceptions; il fallait réformer, ou plutôt recréer l'enseignement et mettre en pratique les préceptes qu'il avait puisés à l'école de Desault, ce qu'il exécuta avec cette facilité et ce succès que semblait lui promettre tout ce qu'il entreprenait. Il fonda les cours généraux d'anatomie et de clinique externe, et déploya dans ses leçons et ses discours publics, cette heureuse abondance, cette sagacité de jugement et de pénétration que nous retrouvons dans tous ses ouvrages.

L'école de Lyon fut plus fréquentée qu'elle ne l'avait été jusqu'alors; de nombreux élèves s'y rendaient de tous les points de la France, et trouvaient dans cet hôpital et dans les leçons de leur maître, tous les avantages réunis pour l'étude de l'anatomie et de la chirurgie pratique. Aucun établissement public n'offrait les mêmes ressources pour cette instruction première qui distingua toujours les élèves de Lyon.

C'est ici et sous les auspices de M. Petit, que se sont formés la plupart des jeunes médecins de cette ville; c'est de la même école qu'est sorti un des hommes les plus extraordinaires qui ait paru dans les sciences médicales, le grand Bichat.

M. Petit ne fit pas moins pour la pratique de la chirurgie que pour l'enseignement; il introduisit l'usage de nouveaux appareils pour le traitement des maladies des os; il mit en faveur quelques méthodes nouvelles pour le manuel des grandes opérations; il imagina des procédés particuliers pour l'ouverture des dépôts froids, pour la cure radicale de l'hydrocèle, et concourut au perfectionnement des aiguilles à sutures. Sa réputation de grand chirurgien le mit souvent en concurrence avec les hommes les plus célèbres de sa profession, et l'appela jusqu'aux portes de la fameuse école de Pavie, pour y pratiquer l'opération de la cataracte.

Mais vous parler plus long-temps, Messieurs, d'un homme dont la perte prématurée fut une grande calamité, ce serait renouveler des regrets qui ne s'éteindront qu'avec les cœurs reconnaissans qui ont éprouvé ses bienfaits. J'ajouterai seulement que l'époque de M. Petit fut celle du perfectionnement de la chirurgie lyonnaise, dont Pouteau avait été le restaurateur, et dont Gui-de-Chauliac avait jeté les premiers fondemens.

COMPTE-RENDU

DE LA

PRATIQUE CHIRURGICALE

DE L'HÔTEL-DIEU.

MESSIEURS,

S'il est vrai que le premier besoin de l'homme soit celui de sa propre conservation, la responsabilité du médecin ne doit-elle pas être la plus grande et la plus délicate? Dépositaire des secrets des familles, chargé des intérêts les plus chers de l'humanité, ses obligations s'agrandissent encore de toute l'étendue et de l'importance des fonctions qui lui sont confiées; aussi tous ses efforts ont pour but de mériter l'estime et la confiance de ses concitoyens. Mais il est d'autres suffrages à briguer; il est pour l'homme de bien un témoignage plus flatteur, celui de sa propre conscience; et qui mieux que moi, Messieurs, ne sent le besoin de l'invoquer ce témoignage de sa conscience, lorsqu'au milieu d'un public éclairé, devant une Administration respectable, entouré de mes maîtres et de mes pairs, je viens rendre compte d'une nombreuse pratique et d'une courte expérience. J'aurais pu reculer devant une tâche aussi difficile, si elle ne m'était imposée comme un des devoirs de ma place, et si déjà un premier essai n'avait obtenu votre bienveillance et soutenu mon courage. Qu'il me soit permis de me rappeler un moment ce jour où à pareille heure, dans cette même enceinte, je rendais un hommage public aux vertus et aux travaux de mes prédécesseurs, où j'étais peut-être moi-même l'objet de quelques espérances, où le désir de marcher sur leurs traces et d'imiter de si beaux modèles pouvait seul légitimer mon ambition! Ce souvenir me dédommagera de l'embarras que j'éprouve d'y reparaître après six années, et pour la dernière fois, avec de si justes motifs de crainte et de défiance.

Lorsqu'au 1.er janvier 1818, je fus appelé à remplacer, dans le poste de chirurgien en chef de cet hôpital, celui qui l'avait occupé avec tant de distinction, il existait dans les salles des blessés 409 malades : il en est entré 22,713; 1676 ont succombé; 21,151 sont sortis guéris ou convalescens. Déjà dans un premier Compte-Rendu (1), j'ai fait connaître la statistique chirurgicale de l'Hôtel-Dieu; j'ai indiqué avec tout le soin et toute l'exactitude qu'il m'a été possible d'y apporter, les maladies qu'on y observe le plus fréquemment; je me suis livré à quelques considérations générales sur chacune de ces affections prise isolément; j'ai noté avec la même franchise les revers et les succès, en faisant la part des circonstances de localité et des temps pénibles que nous avons traversés. Si je recommençais ce travail, rendu public par un acte de pure bienveillance de l'Administration, j'encourrais le blâme d'une répétition fastidieuse, et j'abuserais d'un temps que d'autres sauront employer d'une manière moins sévère et avec des formes plus académiques.

(1) Compte-Rendu de la pratique chirurgicale de l'Hôtel-Dieu de Lyon, pendant les années 1818, 1819 et 1820.

En chirurgie, il est difficile de généraliser d'après des faits particuliers, soit que les maladies présentent entre elles des différences plus variées, soit qu'on ne les observe presque jamais épidémiquement comme dans les salles dites de fiévreux, où les observations isolées peuvent se rattacher à des considérations générales, et former des groupes d'après lesquels il est aisé de dresser des tableaux synoptiques, et de créer des classifications artificielles. Mais, ce qui peut être un avantage réel pour l'étude et l'enseignement, lorsqu'il dégénère en abus, doit nécessairement nuire aux progrès de la science elle-même. Osons le dire, la méthode analytique, appliquée à toutes les branches de l'histoire naturelle avec tant de succès, fut poussée trop loin en médecine. On a voulu assimiler les maladies à des êtres, former des familles naturelles, des classes, des genres et des espèces, et, en procédant de cette manière, on a pris des abstractions pour des réalités, on est retombé dans l'ontologie, que des esprits plus sévères et plus observateurs s'efforcent de combattre avec les armes de la raison et de la plus saine logique.

La chirurgie n'a jamais subi le joug de ces doctrines hypothétiques et de ces théories d'autant plus dangereuses qu'elles sont plus séduisantes. Le génie de ceux qui l'ont cultivée s'est moins épuisé dans les formes que dans les moyens ; tout a été sacrifié à l'art de bien observer, d'augmenter, ou mieux encore de simplifier les méthodes de traitement : de là, les progrès rapides et infinis de cette branche de la médecine, qui est parvenue de nos jours à un degré de précision auquel il sera difficile d'ajouter désormais. Quel heureux présage pour la médecine que ce perfectionnement de nos connaissances chirurgicales ! quelle époque glorieuse que celle où l'on reconcilia deux sciences qui n'en font réellement qu'une, et qui doivent pour toujours rester confondues dans l'enseignement comme dans la pratique ! Pourquoi faut-il que le peu d'instans consacrés à cette séance, que la nature de mes occupations les plus habituelles et les formes établies par l'usage, m'obligent de me restreindre et de sacrifier moi-même à cette division arbitraire, lorsque je me suis efforcé de la combattre toutes les fois que j'ai eu l'honneur de prendre la parole à l'ouverture des cours de l'ancienne et de la nouvelle école. Sans m'astreindre trop rigoureusement aux usages reçus, je vais indiquer les maladies qu'on observe le plus souvent dans cet hôpital, laissant de côté les réflexions qu'elles m'ont suggérées dans mon premier travail; je parlerai ensuite des opérations que j'ai pratiquées, et de tout ce qui a pu en compromettre le succès ou en assurer la réussite.

En 1820 et en 1823, j'ai fait faire, jour par jour, le relevé des malades entrés dans les trois salles de chirurgie. L'examen comparatif des deux tableaux où sont inscrits les noms de chaque maladie, démontre que ces affections si diverses s'offrent toujours dans les mêmes proportions, et que les seules différences notables qu'elles présentent sont déterminées, les unes, par les saisons et les changemens brusques de température, et se reproduisent chaque année aux mêmes époques, comme on l'observe pour certaines inflammations, les fractures des membres, les ulcères avec gangrène, etc.; les autres, par des circonstances tout-à-fait éventuelles, telles que celles qui président au développement de la rage, de l'ergotisme, des plaies d'armes à feu. Je dois faire observer, au sujet de ces dernières, que depuis deux ou trois ans, elles ont été moins fréquentes qu'à l'époque où le nombre effrayant de ces accidens m'avait engagé à exciter la sollicitude des magistrats pour la surveillance des armes à feu. Nous nous plaisons à croire que l'éveil que nous avons donné à cet égard n'a pas été sans quelque utilité, à en juger du moins par les résultats, par la publicité qui fut donnée à cet avis, et par l'empressement que l'autorité mit à constater la véracité du fait.

De toutes les maladies que l'on observe dans les hôpitaux, même dans les salles de chirurgie les plus fréquentes, sont sans contredit les inflammations; celles de la peau au printemps, celles de la muqueuse gastro-intestinale en été, celles des muscles en automne, les catarrhes pulmonaires en hiver, et l'ophtalmie à toutes les époques de l'année. C'est dans ces vastes établissemens qu'il est facile d'étudier l'inflammation sous toutes les formes qu'elle revêt, dans tous les tissus qu'elle affecte, de suivre toutes ses périodes, et de comparer ses divers modes de terminaison. A côté d'une pleurésie aiguë, d'une rougeole, d'une scarlatine, qui ne durent que quelques jours, on voit le rhumatisme, l'inflammation des os se prolonger au-delà du 5.e ou 6.e septénaire. On voit constamment la variole et le phlegmon prendre la voie de la suppuration, les engorgemens glandulaires se terminer le plus souvent par résolution ou induration, les gastrites intenses, certaines hernies étranglées, l'anthrax passer à l'état de gangrène, les phlegmasies laryngées, intestinales, amener des ulcérations, celles des surfaces séreuses former de fausses membranes, et toutes, indistinctement, lorsque leur durée se prolonge au-delà du terme ordinaire, finir par altérer le tissu des organes, et produire des dégénérescences tuberculeuses, squirrheuses ou cancéreuses. Si l'expérience démontre que ces différences tirées du siége, de la durée et du mode de terminaison, que celles relatives à l'âge, au sexe, au tempérament, ne peuvent imprimer que de légères différences au traitement applicable à toutes ces affections, le médecin physiologiste sera naturellement conduit à leur appliquer, à toutes, la même méthode curative.

Ici, Messieurs, nous touchons à un point fort délicat, et qui n'a pas encore obtenu l'assentiment général, c'est l'application de la nouvelle doctrine médicale à la chirurgie. Pour moi, je reste convaincu que l'idée de cette application est des plus lumineuses, qu'elle ne peut qu'être féconde en grands résultats, lorsqu'on l'aura réduite à sa juste valeur, et qu'on l'aura dépouillée de ce prestige de nouveauté qui nuit toujours aux grandes découvertes. S'il nous était permis de la discuter un moment sous le point de vue le plus utile, celui de la pratique, nous pourrions prouver qu'elle est peut-être plus redevable qu'on ne pense à la chirurgie; que la réforme introduite dans la thérapeutique chirurgicale a précédé celle qui commence à prendre faveur pour les maladies internes; que de tous temps les chirurgiens ont su employer largement la méthode antiphlogistique dans les lésions physiques des organes essentiels à la vie, et dans les phlegmasies locales qui étaient de leur ressort, et que les évacuations sanguines tenaient le premier rang dans cette méthode générale de traitement. Les faits à l'appui de cette proposition se présenteraient en foule, s'il était nécessaire de les multiplier pour la soutenir. Je me contenterai de citer deux observations tirées de notre pratique, et recueillies, l'une avant, l'autre après la publication de la nouvelle doctrine physiologique, et l'on verra que si les indications étaient les mêmes, les moyens et les résultats n'ont pas été différens.

Le nommé Martin, maître d'armes, reçoit en duel, au mois de juin 1814, un coup de sabre dont la pointe dirigée de bas en haut et d'avant en arrière avait pénétré dans l'hypocondre droit, et intéressé la face concave du foie. La plaie n'avait fourni qu'une petite quantité de sang noirâtre ; le malade ressentait dans l'épigastre, l'hypocondre et la région lombaire du côté droit, des douleurs cruelles qui s'exaspéraient à chaque inspiration un peu forcée. Bientôt toute la cavité abdominale fut gonflée et douloureuse au toucher ; il y avait des hoquets, de fréquentes envies de vomir, et parfois des lipothymies et des sueurs froides qui couvraient tout le corps. De suite saignée du bras de 10 à 12 onces, fomentations émollientes sur le bas-ventre, petit-lait édulcoré avec le sirop de violette, diète absolue ; à dix heures du soir, nouvelle saignée de 8 onces, continuation des mêmes moyens. Le lendemain, à six heures du matin, le pouls s'est développé ; il est plein et ondulant ; une légère moiteur succède aux sueurs froides de la veille ; l'anxiété, les douleurs précordiales, la tuméfaction du bas-ventre persistent : on continue les remèdes indiqués ; lavement émollient. Le soir, la peau et la conjonctive semblent se colorer un peu en jaune ; les envies de vomir sont moins fréquentes. La nuit est très orageuse ; le malade est saigné pour la troisième fois : les symptômes semblent s'amender ; il survient un peu de calme et de sommeil. Le troisième jour se passe sans nouveaux accidens ; le quatrième, au matin, les douleurs de côté deviennent plus aiguës ; alors je fais appliquer vingt sangsues au bas du rebord cartilagineux des côtes : fomentations émollientes, embrocations huileuses, synapismes sur les extrémités inférieures ; lavemens et boissons délayantes. Les nuits et jours suivans l'orage se dissipe ; le régime sévère est continué jusqu'au neuvième jour ; le douzième, nouvelle application de sangsues pour combattre le point douloureux qui se renouvelait par intervalle, et le quinzième jour, je ne fus pas médiocrement surpris de voir ce malade sur la porte d'entrée de l'hôpital, entouré d'un grand nombre de personnes. Il m'apprit qu'un officier étant mort la veille dans la salle des militaires, le bruit s'était répandu que c'était lui-même qui avait succombé à sa blessure, et qu'il avait voulu, par sa présence au convoi de l'officier, détromper la foule qui se rendait sur la place par curiosité ou par tout autre motif.

Un jeune homme de 25 ans, d'un tempérament sanguin, d'une constitution athlétique, reçoit l'année dernière deux coups de baïonnette, dont l'un pénètre dans la cavité abdominale, au-dessus et en dehors de l'anneau inguinal, et l'autre dans l'épaisseur des muscles de la région fessière. Resté sans secours depuis onze heures du soir, moment où il fut blessé, jusques au lendemain quatre heures après midi, il est enfin transporté à l'hôpital. Appelé de suite auprès de lui, je le trouvai dans l'état suivant : décubitus sur le dos, face grippée, ventre tendu, balloné, excessivement douloureux ; constipation, dyspnée, pouls dur, plein et fréquent : saignée de 8 onces, nul soulagement. Trois heures après, application de quarante sangsues sur le bas-ventre ; le sang coule abondamment, les symptômes marchent toujours ; à dix heures du soir, saignée de 15 onces : le malade est soulagé, la nuit est assez bonne. Le lendemain, légère amélioration, fomentations émollientes, boissons mucilagineuses. Le troisième jour, les symptômes reparaissent avec une nouvelle intensité. L'abdomen ne peut supporter le poids des couvertures ; la soif est vive ; il survient des vomissemens, il y a constipation; les deux plaies n'offrent rien de particulier. Quarante sangsues sur le ventre, lavement émollient. Amendement manifeste ; l'abdomen est souple, supporte la pression de la main, mais présente cependant encore un peu de sensibilité du côté de la plaie, qui est combattue victorieusement par une nouvelle application de quinze sangsues, et l'usage continué des délayans à l'intérieur. A ces remèdes, je fais ajouter au bout de quelques jours de simples bouillons, bientôt remplacés par de légers potages, et enfin par des alimens plus substantiels. Tout annonçait une prochaine et entière guérison, lorsque, sans doute à la suite de la position que le malade fut obligé de garder, la plaie inférieure s'enflamma; il survint du gonflement, de la chaleur dans les parties environnantes; il se forma un abcès dont le pus trouva une issue facile par la plaie qui se cicatrisa après une quinzaine de jours : à dater de cette époque, le malade fut de mieux en mieux; il put se rendre à la police correctionnelle, où l'appelait l'affaire dans laquelle il avait reçu ses deux blessures, et quitta l'hôpital entièrement rétabli, un mois et demi après son entrée.

Mais il faut en convenir, la chirurgie n'a pas su faire l'application de cette méthode à tous les cas qui semblaient la réclamer moins impérieusement ; elle s'est aussi montrée trop avare des évacuations sanguines dans les phlegmasies non traumatiques, et ce n'est que depuis quelques années qu'elle est revenue d'un préjugé que trop de personnes partagent encore. Nous-mêmes avons été en défiance contre une doctrine si opposée aux principes que nous avions puisés dans les écoles. Ce n'est que par des essais fréquemment répétés, et avec la réserve que comporte un sujet d'une telle importance, que nous sommes parvenus à en apprécier tous les avantages. La grande quantité d'engorgemens glandulaires que nous avons à traiter annuellement, nous en a fourni la première occasion. Ne pouvant les résoudre, ni par tous ces prétendus fondans que l'on administrait avec tant de confiance et de profusion, ni par cette foule d'emplâtres, d'onguens décorés du nom de résolutifs, nous les avons attaqués par les sangsues, les bains, les boissons délayantes, quelques légers minoratifs et le régime. Par ces moyens, nous avons obtenu des résultats bien plus avantageux que par la méthode contraire. Ce point de thérapeutique est aujourd'hui si peu contesté, qu'il serait inutile de l'appuyer de quelques observations.

Un premier succès est un puissant motif d'encouragement pour de nouvelles tentatives. Ce que nous avons fait pour les phlegmasies chroniques des glandes, nous avons osé l'essayer pour les tumeurs blanches articulaires, que la plupart des médecins encore n'attaquent qu'avec des vésicatoires, des moxas, des douches d'eaux thermales, des cautères ou même le fer rouge; tandis que le repos le plus absolu, un appareil convenable pour maintenir en rapport les surfaces articulaires, et de fréquentes applications de sangsues, forment un traitement plus rationnel, moins douloureux, et, toutes choses égales d'ailleurs, plus efficace. Nos observations ont été faites en grand, puisque ces maladies abondent dans nos rangs, où l'on peut en observer annuellement 5 ou 600.

Toujours procédant du connu à l'inconnu, et prenant pour base de notre conduite les indications que nous avons dit être, à quelques exceptions près, toujours les mêmes, nous avons appliqué le même traitement aux rhumatismes aigus, dont le nombre s'élève chaque année de 90 à 100; nous pouvons assurer que si les résultats n'ont pas été aussi avantageux sous le rapport de leur cure radicale, cette méthode est au moins celle qui soulage le plus promptement les malades, lorsqu'elle est employée avec modération, et subordonnée à quelques circonstances que le médecin ne doit jamais perdre de vue.

Il est des inflammations de la peau et du tissu cellulaire sous-jacent, qui se terminent si promptement par la gangrène, qu'on a cru pouvoir leur attribuer un caractère particulier et spécifique, et pour lesquelles les remèdes les plus excitans étaient employés avec profusion, tant à l'intérieur que sous formes de topiques. Pour l'anthrax, par exemple, on se serait bien gardé d'employer une méthode débilitante; on redoutait trop la fièvre adynamique, pour épuiser par avance les forces du malade; on traitait localement par des cataplasmes et des onguens irritans, et l'on administrait de bonne heure des cordiaux à l'intérieur. Pendant quelque temps j'ai suivi cette méthode, et celle bien moins rationnelle encore de fendre indistinctement toutes ces tumeurs avec l'instrument tranchant, opération aussi cruelle qu'insignifiante dans le plus grand nombre de cas. Depuis trois ou quatre ans je l'ai complétement abandonnée pour m'en tenir à l'application de quelques sangsues dès le début, ainsi qu'aux topiques émolliens et au régime approprié à toutes les inflammations; j'ai depuis constamment observé que ces moyens simples étaient, dans tous les cas, préférables aux autres, et qu'il en était de ces affections comme des plaies d'armes à feu, avant que le restaurateur de la chirurgie française n'eût entièrement changé leur mode de traitement.

Je ne dirai rien des autres phlegmasies où les émissions sanguines paraissent plus urgentes et mieux indiquées que dans celles que nous venons de signaler. J'observerai, cependant, que pour le chémosis, la glossite, le panaris, les inflammations et contusions des pieds ou des orteils, les grands délabremens des membres, nous avons souvent préféré à l'application des sangsues les saignées des veines angulaire, ranine, salvatèle et saphène, ou celles qui sont les plus voisines des parties blessées ou contuses. Ce mode d'évacuations sanguines me paraît avoir trois avantages incontestables : de dégorger plus directement, de fournir une quantité de sang plus facile à évaluer, et de ne point ajouter à l'irritation locale, comme les sangsues, lorsqu'elles sont mal choisies ou mal appliquées. Le dernier malade que j'ai opéré de la pierre, m'a fourni un exemple bien frappant, de ce que tant d'autres ont observé comme moi : quelques heures après son opération, P*** fut menacé d'une violente inflammation du ventre. J'ordonnai l'application de vingt sangsues sur l'abdomen; ce nombre fut plus que triplé, et l'application faite avec tant de négligence, que les sangsues ne piquèrent que sur cinq ou six endroits, et produisirent autant de points d'irritation, auxquels succédèrent des furoncles et des escarrhes gangréneuses, larges et profondes. Cet accident ajouta pendant plusieurs jours, si non plus de gravité à la maladie principale, du moins de nouvelles souffrances qui ont prolongé de beaucoup la convalescence.

Je regrette de ne pouvoir confirmer par de nouvelles observations ce que j'ai dit sur le spinitis et l'inflammation des vaisseaux lymphatiques, dont j'ai donné les caractères pathologiques. Je n'ai recueilli depuis cette époque que deux ou trois faits peu intéressans, et que je crois devoir passer sous silence.

Mais ce qu'il importe de signaler sans cesse à la constante sollicitude de l'Administration, c'est le préjugé dont sont imbues certaines classes de la société contre le spécifique de la petite vérole, malgré tous les efforts que nous faisons pour l'accréditer. Il n'est pas d'années que nous n'ayons à traiter des varioles dans nos rangs de blessés, et dans les six mois qui viennent de s'écouler, nous avons pu en compter de trente à trente-cinq presque toutes confluentes. Heureusement nous n'avons perdu aucun des malades qui en ont été infectés, et plus d'une fois nous avons pu remarquer que dès le début, pour faciliter l'éruption des boutons varioliques, rien n'est plus efficace que des cataplasmes chauds, renouvelés deux ou trois fois par jour, dont on entoure le pied et le bas de la jambe, et que vers la seconde période, des sangsues appliquées au cou ont prévenu les accidens graves qui se manifestent si souvent à cette époque de la maladie. Je pense devoir consigner ici un fait d'autant plus curieux, que je le crois unique dans son genre.

Jeanne Pinel, âgée de 19 ans, entre à l'hôpital le 25 octobre 1823, pour un dépôt froid au cou. Trois semaines environ après, elle ressent tout-à-coup des lassitudes dans les membres, des maux de tête, avec un léger mouvement fébrile; ces prodromes sont bientôt suivis d'une éruption variolique générale. Les boutons très rapprochés annoncent une petite vérole confluente. La céphalalgie étant devenue excessive, on fait appliquer le soir des sangsues au cou; le sang n'est point arrêté convenablement, il coule toute la nuit, et ce n'est que le matin qu'on s'oppose à son écoulement, en cautérisant les piqûres avec le nitrate d'argent. La malade est dans un état de faiblesse alarmant; elle est étendue sur son lit, presque sans pouls, sans voix, la peau décolorée, les boutons varioliques affaissés, les extrémités froides. Je lui fais prendre de suite quelques cuillerées de vin de Bordeaux, et tâche de relever les forces par de bons bouillons et quelques toniques; j'ordonne en même temps d'appliquer des synapismes aux membres supérieurs, tandis que l'on enveloppera les inférieurs de cataplasmes émolliens pour rappeler, s'il est possible, l'éruption cutanée.

Sous l'influence de ces moyens, les forces se rétablissent peu-à-peu; il survient seulement un léger mal de gorge qui se dissipe bientôt. Enfin, Jeanne Pinel se rétablit entièrement; mais, chose remarquable, à l'exception d'un très petit nombre de boutons varioliques de la figure et du dos de la main droite, qui parcourent leurs périodes à la manière accoutumée, tous les autres se terminent par la résolution la plus complète; de sorte que l'écoulement sanguin excessif qui a fait courir de grands dangers à cette malade, a fait avorter sa petite vérole.

Voilà, Messieurs, comment nous sommes parvenus à faire l'application de la nouvelle doctrine médicale au traitement de quelques affections chirurgicales.

Mais, est-ce là le seul fruit que la chirurgie doive retirer de nos nouvelles connaissances physiologiques? non, sans doute. Il est des services d'une autre importance qu'elle saura mettre à profit, lorsqu'on ne méconnaîtra plus son véritable caractère et le vrai génie qu'il convient de lui imprimer; lorsqu'enfin on l'aura autant simplifiée qu'on l'a agrandie depuis quelques années. Je disais, naguère, lorsque je m'élevais, dans mon Discours sur la prudence, contre l'abus des opérations chirurgicales : « L'art n'aura atteint son dernier degré de perfectionnement, que lorsqu'on l'aura réduit à sa plus grande simplicité, que lorsqu'on aura bien compris qu'une opération de moins est une conquête de plus pour l'humanité. » J'aime à le répéter aujourd'hui, parce que cette idée a toujours été mon plan de conduite, et que je n'ai cessé de la mettre en œuvre pendant toute la durée de mon exercice. Si je pouvais me glorifier de quelque chose, ce serait plutôt des souffrances et des opérations que j'ai pu épargner aux malades qui m'ont été confiés, que des mutilations heureuses que je leur ai fait endurer. Laissons à d'autres le vain privilége de compter leurs succès par le nombre d'opérations qu'ils ont pratiquées, et tâchons de nous élever à la hauteur de la science en la concevant telle qu'elle est, hardie sans témérité, et prudente sans timidité. Tous les travaux de nos contemporains ont pour but de donner à la chirurgie ce double caractère, et les fastes de l'art ne compteront pas d'époque plus glorieuse que celle où l'on sut réduire à leur juste valeur ce nombre effrayant d'instrumens, ces appareils de torture inventés à grands frais, sans aucun objet d'utilité réelle. On ne se rappellera pas sans une vive reconnaissance, qu'au temps dont nous parlons, on guérissait plus de hernies étranglées à l'aide d'une main exercée au taxis, qu'avec une opération sanglante; plus de nécroses, en secondant seulement les efforts de la nature, qu'en ébranlant les os à coups de gouge et de maillet; plus d'anthrax avec de simples cataplasmes émolliens, qu'en fendant crucialement une tumeur déjà si douloureuse par elle-même. On saura aussi que c'est alors qu'on eut l'idée de revenir au procédé des anciens pour l'amputation des membres frappés de gangrène: méthode qui épargne des douleurs au malade, et s'exécute sans effusion de sang.

La révolution faite en médecine pour le traitement des inflammations aiguës ou chroniques, avait déjà été tentée vers la fin du siècle dernier pour la grande classe des névroses. Alors, comme aujourd'hui, on sentait l'importance de ramener le mode de traitement des maladies nerveuses à des bases générales et fixes ; ce n'est qu'avec une juste défiance qu'on employait tour-à-tour les méthodes perturbatrices et tous ces moyens empiriques vantés avec tant de complaisance et si souvent incertains dans leurs résultats. Mais, soit que la nature et le diagnostic de ces affections ne fussent encore qu'imparfaitement connus, soit que leur durée indéfinie lassât bientôt la patience du malade et du médecin, on se livra à de nouveaux efforts pour découvrir des spécifiques dans les trois règnes de la nature. Les oxides métalliques et les poisons végétaux ont surtout fourni matière à des recherches et des essais qui peut-être ne seront pas infructueux. Il était de notre devoir de répondre à l'appel que la science et l'humanité faisaient alors à tous ceux qui pouvaient expérimenter en grand, et nous avons saisi avec empressement toutes les occasions favorables pour cela.

S'il est permis de varier à l'infini les médications et de s'abandonner, sur la foi de l'empirisme, à l'efficacité de certains médicamens dont on ne peut ni calculer les effets, ni concevoir le mode d'action, c'est surtout dans les maladies réputées incurables. Ici se présentent en première ligne la rage et le tétanos, espèces de vésanies qui ont entre elles tant d'analogie et de ressemblance. La première, depuis quelques années, n'a été observée que très rarement à l'Hôtel-Dieu : deux exemples seuls sont venus renouveler les tristes méditations que nous inspira cette cruelle et affreuse maladie au printemps de 1816. Le doyen des médecins de cet hôpital, notre honorable confrère et ami le docteur Trolliet, s'est emparé de toutes ces observations, et avec sa sagacité ordinaire, vous les a présentées dans tous leurs détails ; ce qui me dispense de remettre sous vos yeux un tableau si déchirant, et de ne vous offrir que les résultats de nos espérances déçues.

Nous n'avons guère été plus heureux dans le traitement des tétaniques. La plupart des malades ont succombé du troisième au quatrième jour, ou après un laps de temps plus ou moins long. Les vingt-cinq ou trente tétanos observés dans l'espace de six années, ont porté dans notre esprit l'intime conviction que l'aphorisme du père de la médecine peut être infirmé dans quelques circonstances, et qu'il n'est pas de méthode de traitement sur laquelle on puisse raisonnablement compter dans tous les cas.

Un homme, dans la force de l'âge, reçoit à la jambe gauche un coup de fusil chargé avec du plomb de fonte. Transporté de suite à l'hôpital, on enlève, à l'aide de petites incisions, les plombs que l'on peut apercevoir, et ceux qui font saillie sous la peau. Le malade est ensuite pansé d'une manière convenable, soumis à la diète et à l'usage des adoucissans à l'intérieur; malgré ces moyens, il se développe dans la jambe blessée de vives douleurs, et bientôt après un érysipèle phlegmoneux considérable, qui sont combattus victorieusement par des médicamens appropriés. Le malade est au dix-huitième jour de son accident, et prêt à sortir de l'hôpital; mais malheureusement on a laissé ouverte la croisée située au-dessus de son lit: il est brusquement saisi par le froid. Aussitôt il se plaint d'un sentiment de gêne, de roideur à la base de la langue; la déglutition est pénible, les deux mâchoires se séparent avec peine, les muscles masséters et crotaphites sont dans un état de contraction permanente, qui ne tarde pas à s'étendre aux muscles de la partie postérieure du cou et du dos. Le tétanos, à peine manifesté, est reconnu et combattu par les moyens suivans : potion antispasmodique avec 15 grains d'extrait gommeux d'opium et 1/2 gros de carbonate de potasse, cataplasme émollient arrosé d'un liniment anodin appliqué sur la jambe, embrocations sur le cou avec un mélange d'huile camphrée et de baume tranquille. Le tétanos n'en marche pas moins avec rapidité, attaque les muscles de la poitrine, du bas-ventre, et menace déjà ceux des extrémités supérieures et inférieures; 40 grains d'opium et 2 gros de carbonate de potasse sont prescrits dans 4 onces d'eau de tilleul. Le malade est mis dans un bain d'une température élevée, où l'on a fait dissoudre 2 onces de potasse caustique; il n'y reste d'abord qu'une heure, ensuite deux et plus, mais toujours sans soulagement. La suppuration des plaies de la jambe commence à devenir fétide.

Le cinquième jour, 50 grains d'opium et 2 gros de carbonate de potasse; bains alkalins continués pendant trois, quatre et même cinq heures; on commence à concevoir quelques chances favorables : vaines espérances! l'affection tétanique a envahi tous les muscles de la vie de relation, et s'il reste stationnaire pendant deux jours, c'est pour reprendre plus d'activité ensuite jusques au moment de l'agonie, et le dixième jour le malade périt en entrant dans le bain.

Cette maladie, après les premiers accidens passés, aurait pu me laisser dans une sécurité trompeuse, si, quelques mois auparavant, je n'avais été témoin d'un événement plus remarquable encore. Il s'agit d'un jeune homme de 28 ans, qui fut pris du tétanos quatre jours après son entrée à l'hôpital, pour une blessure à la jambe droite. Je le faisais observer avec complaisance par les élèves qui suivaient mes leçons de clinique. Au huitième jour, je crus l'orage dissipé; mais, au lieu de voir la maladie s'amender comme je l'avais annoncé, comptant également, et sur les efforts salutaires de la nature, et sur le traitement que je viens d'indiquer et que j'employai avec la même énergie, elle ne fit, au contraire, que s'accroître jusques au moment de la mort qui arriva vers la fin du seizième jour.

A côté de ces deux observations, je placerai celle du jeune François Vincent, âgé de 8 ans et d'une grande susceptibilité nerveuse. Cet enfant eut, le 8 octobre 1822, la jambe droite prise sous la roue d'une lourde voiture, qui en fractura les deux os, et y détermina une plaie contuse. Transporté à l'hôpital le lendemain de son accident, les fragmens n'offrant aucun déplacement, je mis de suite le membre dans un appareil convenable. Le malade fut dans l'état le plus satisfaisant jusques au 27 octobre, dix-neuvième jour de son entrée à l'hôpital ; alors, sans cause connue, de vives douleurs se firent sentir dans le point correspondant à la fracture ; les moindres mouvemens de la partie malade les rendaient atroces : bientôt ces douleurs s'étendirent le long de la jambe et de la cuisse, et il survint, en même temps, une contracture de tous les muscles du membre abdominal droit.

Le 28, il se manifesta une gêne douloureuse dans les muscles du cou, une légère difficulté dans l'acte de la déglutition ; enfin, le trismus le plus complet : infusion de tilleul, mélisse, violette ; potion calmante avec un gros de carbonate de potasse et 6 grains d'extrait gommeux d'opium.

Le 29, un peu de calme et de repos ; néanmoins le tétanos fait des progrès, s'étend au membre inférieur gauche et aux muscles de l'abdomen en même temps; déglutition plus difficile, impossible même par intervalles; pouls fréquent, respiration gênée, face pâle, couverte d'une sueur froide, légers mouvemens convulsifs des yeux. Chaque pansement met le malade dans une anxiété inexprimable : la vue seule de la lumière suffit pour augmenter les phénomènes. On continue les mêmes remèdes.

A dater du 1.er novembre, quatrième jour de son invasion, le tétanos ne fit aucun progrès; dès le lendemain, il commença, au contraire, à diminuer. Je fis administrer encore pendant quatre à cinq jours le carbonate de potasse et l'opium, toujours à la même dose; puis j'en cessai complétement l'usage, les accidens s'étant considérablement amendés.

Le 8 novembre, onzième jour de la maladie, le trismus, ainsi que la contracture des muscles du tronc et des membres avaient disparu; le lendemain, au matin, le malade se trouvait dans un calme parfait, seulement avec un peu de faiblesse et baigné d'une abondante sueur. Enfin, la fracture s'est consolidée assez promptement, malgré les diverses collections purulentes qui s'étaient formées autour des fragmens; la plaie s'est cicatrisée, et le jeune Vincent est sorti de l'hôpital entièrement guéri.

Si maintenant nous reportons en ligne de comparaison les trois tétaniques guéris en 1819, l'un par de simples boissons délayantes, quelques anti-spasmodiques diffusibles, et des embrocations d'huiles stupéfiantes sur les muscles convulsés; les deux autres par l'opium administré à petites doses et à longs intervalles, nous en tirerons la conséquence, qu'on ne peut espérer de maîtriser le tétanos que lorsqu'il débute d'une manière lente, qu'il affecte une marche chronique, et qu'au lieu de s'exaspérer, il reste stationnaire jusques au moment de son déclin.

Nous avons fait la même remarque au sujet des névralgies en général, et particulièrement du tic douloureux de la face. Quelquefois j'ai vu ce dernier résister aux moyens les plus actifs, aux narcotiques les plus puissans, à l'opération elle-même, et céder au traitement le plus simple, qu'on aurait cru de prime-abord inutile d'employer. Nous avons successivement essayé les extraits d'opium, de jusquiame, de belladonne de datura-stramonium; ceux plus accrédités encore, tels que la morphine, la potion stibio-opiacée, les pilules de Méglin, toutes les substances stupéfiantes, sous formes de linimens ou d'épithème; aucun d'eux ne nous a paru avoir des avantages supérieurs aux autres. Cependant, un des derniers malades que nous avons traités fut constamment soulagé par les pilules de Méglin, portées jusques à la dose de cinq ou six par jour ; il fut même complétement guéri pendant trois mois : mais, au moment où il allait quitter l'hôpital, de nouvelles attaques, moins fortes il est vrai, que les premières, se firent sentir et furent calmées de la même manière. J'aurais désiré pouvoir observer ce malade quelques semaines encore, mais il fut impossible de le retenir plus longtemps. Il avait une telle confiance dans le remède que je lui avais administré, qu'il partit bien rassuré sur l'avenir, tant qu'il aurait à sa disposition les pilules dont il voulut emporter la recette. Précisément à la même époque, j'avais un malade couché au n.° 5 des hommes blessés, qui guérit plus promptement et plus surement encore par une médication bien plus simple, et que je n'employai que dans l'intention de faire une expérience comparative. Voici le fait :

Claude Deparrou, âgé de 30 ans, cultivateur, se mouille les pieds ayant une odontalgie très vive ; aussitôt l'irritation se transporte et se fixe sur la lèvre supérieure : dès-lors, dans cette partie, douleur vive, lancinante, sans gonflement ni changement de couleur à la peau, revenant par accès. Ceux-ci se renouvellent d'abord tous les quarts d'heure, puis toutes les cinq minutes; le moindre mouvement de la mâchoire pour parler ou manger les fait reparaître. Désirant mettre un terme à sa souffrance, Deparrou s'avise de frotter la partie douloureuse avec de l'eau-de-vie, dans laquelle il avait mis du sel marin : aussitôt les douleurs augmentent, les accès se multiplient, ce qui le décide à entrer à l'hôpital le 27 décembre 1822.

Je reconnais une névralgie fixée sur les rameaux que le nerf facial fournit à la lèvre supérieure, et je prescris les moyens suivans :

Tisane de valériane et de feuilles d'oranger, potion avec les eaux distillées de mélisse, de tilleul, la liqueur d'Offmann et la teinture de castoreum.

A l'aide de ces médicamens simples, l'état du malade s'améliore, les douleurs sont moins vives et reparaissent moins fréquemment. D'abord, après un intervalle de demi-heure, ensuite d'une, deux, trois heures et plus ; enfin, après douze jours de ce traitement, le malade est sorti de l'hôpital entièrement guéri.

Il existe une telle anomalie dans la marche de toutes les affections nerveuses, leur diagnostic est souvent si obscur, qu'il n'est pas étonnant de trouver une divergence constante d'opinion sur leur vrai caractère et leur mode de traitement. Je fais cette remarque au sujet des paralysies partielles et générales dont j'ai à vous entretenir. Qu'on se tromperait souvent dans la pratique médicale, si l'on voulait toujours juger des causes par les effets! Un malade perd brusquement la vue sans lésion physique apparente; le commun des observateurs ne voit là qu'un commencement de goutte sereine, tandis que c'est une inflammation de l'œil profonde et sans caractères extérieurs appréciables. Quelle différence n'existe-t-il pas entre l'hémiplégie, suite d'une affection cérébrale, et l'impotence des extrémités inférieures qu'amène le spinitis ou la gibbosité vertébrale! et cependant il serait difficile de trouver de plus grandes analogies entre des maladies si diverses.

La goutte sereine est, sans contredit, une des maladies le plus fréquemment observées dans cet hôpital. C'est encore pour cette affection qu'ont été multipliées les méthodes perturbatrices, et qu'on a si souvent échoué dans leur application, parce qu'on ne distinguait pas assez le point de départ de la maladie, et qu'on n'avait égard qu'au symptôme principal qui est la cécité.

Il existe réellement plusieurs espèces d'amauroses, qui doivent chacune être traitées bien différemment. Celle qu'on pourrait appeler inflammatoire, s'annonce par deux signes constans et pathognomoniques, ce sont le resserrement de la pupille et les douleurs vives et lancinantes que le malade éprouve lorsqu'il veut essayer ses yeux à la lumière. Dans ce cas, de larges évacuations sanguines, des révulsions opérées sur le tube intestinal et sur les extrémités inférieures, ont été le plus souvent suivies de succès. Nous avons fait recueillir dix ou douze observations qui constatent l'efficacité de ce traitement; mais si la maladie n'est pas combattue dès le principe, si elle fait de nouveaux progrès, alors la pupille se resserre davantage encore, l'iris se déforme, change de couleur, le cristallin s'obscursit et la phthisie pupillaire survient; enfin, si la phlegmasie passe à l'état de chronicité, on la reconnaît à cette couleur opale qu'on aperçoit au fond de l'œil, et que l'on prend quelquefois pour une cataracte commençante : à toutes ces diverses époques, c'est encore le même traitement qui convient et qui nous a le mieux réussi, en le modifiant toutefois d'après ces mêmes circonstances.

Lorsque, au contraire, il y a cécité complète, immobilité de la pupille, indifférence de la part du malade pour la clarté du jour, et que le fond de l'œil reste noir, la goutte sereine est bien manifestement alors une névrose, et quelquefois le résultat d'une maladie organique du nerf optique. Cette dernière espèce nous a toujours paru incurable; l'autre a été moins rebelle aux moyens que nous lui avons opposés, et nous l'avons constamment traitée par le séton à la nuque, les fumigations de baume de Fioraventi et les sachets de camphre arrosés d'éther. Nous avons également essayé l'électricité et le galvanisme, mais avec moins d'avantages.

Presque toutes les paralysies ou hémiplégies que nous avons eues à traiter étaient traumatiques et provenaient, la plupart, de l'ébranlement ou de la commotion du cerveau : tantôt elles affectaient toute une moitié du corps; d'autres fois elles ne s'étendaient qu'aux membres inférieurs ou supérieurs; le plus souvent elles ne duraient qu'autant que l'organe encéphalique restait lui-même dans l'engourdissement, et disparaissaient à mesure que le malade recouvrait le libre exercice de ses facultés morales et intellectuelles. Dans ce cas, tous nos moyens curatifs étaient dirigés contre la maladie essentielle; et le plus puissant de tous, après les évacuations sanguines par la lancette et les sangsues, ce sont les lavemens avec le vin émétique trouble. Nous avons déjà signalé les avantages de ce remède, dont nous faisons un usage presque journalier, et nous y revenons encore aujourd'hui, parce que nous sommes plus riches en observations qui constatent son efficacité. J'ai vu beaucoup de malades rester dans l'assoupissement jusqu'au sixième ou septième jour, et n'être réveillés que lorsque cette médication avait été poussée assez loin. Il est arrivé parfois que la paralysie ne s'est déclarée qu'après la cessation complète des autres symptômes ordinaires de la commotion. Je citerai, à ce sujet, une observation de plaie de tête bien remarquable aussi sous d'autres rapports.

Remi Lassozet, âgé de 28 ans, garçon d'écurie, fut trouvé sans connaissance et baigné dans son sang, à la suite d'un coup de pied de cheval porté sur la partie latérale droite du crâne. On présuma qu'il était depuis environ deux heures dans cet état, lorsqu'il fut transporté à l'hôpital le 11 février 1822, au milieu de la nuit.

Le malade était plongé dans la stupeur la plus

complète ; le pouls était petit et concentré, la respiration difficile, la face pâle et couverte d'une sueur froide. Les tégumens du crâne formaient un vaste lambeau demi-circulaire, ayant sa base en bas ; le pariétal droit était dénudé dans une grande étendue, et brisé en cinq ou six pièces peu mobiles déprimées et exerçant une assez forte compression sur le cerveau. Du sang artériel s'écoulait incessamment et en assez grande abondance par les intervalles que laissaient entre eux les fragmens osseux.

Je me contentai, sur le moment, de réappliquer le lambeau et de panser mollement avec de la charpie. Je crus la saignée inutile, vu l'état de stupeur et la quantité de sang perdu.

Le lendemain matin 12, la stupeur avait diminué ; néanmoins, le malade ne répondait aux questions que par monosyllabes, et promenait au hasard des regards incertains sur les personnes qui l'entouraient. La pupille était dilatée ; mouvement automatique des membres, décubitus sur le côté de la blessure ; calmans à l'intérieur, synapismes aux jambes. Le soir, à sept heures, à la levée du premier appareil, je sortis un énorme caillot formé sous le lambeau ; du sang artériel se faisait encore jour entre les fragmens. Je fis des tentatives réitérées et infructueuses pour les relever à l'aide d'un élévatoire. Du reste, le sang s'écoulant aisément par leur intervalle, je jugeai l'application du trépan inutile et même dangereuse. Dans le pansement, j'eus soin de maintenir le lambeau soulevé, pour favoriser l'écoulement sanguin; lavement avec le vin émétique trouble.

Le 13, même état, lambeau très tuméfié; applications émollientes.

Le 14, assoupissement, augmentation de l'engorgement de la plaie.

Le 15, coma, délire, fièvre, abondante transpiration, décollement du péricrâne, nécrose des fragmens; boissons délayantes, lavement purgatif.

Le 16, même état, suppuration considérable; applications émollientes, eau de poulet avec un grain de tartrite antimonié de potasse, lavement émollient.

Le 17, plus de coma; le malade a recouvré toute sa connaissance.

Le 18, paralysie du mouvement dans la jambe et le bras droits, le tronc n'y participe pas; synapisme aux jambes, convertis en vésicatoires.

Le 20, la paralysie gagne le côté droit du tronc.

Le 21 et le 22, même état.

Le 23, accès de fièvre; eau de poulet, 1/2 ℥ de quinquina, lavement émollient.

A compter de cette époque, l'état du malade s'est amélioré, la paralysie a diminué et avait entièrement disparu le 10 mars; la suppuration de la plaie a été moins abondante; deux fragmens osseux nécrosés se sont détachés et ont été enlevés avec facilité.

Le 16, il s'est manifesté un abcès assez considérable vers la base du lambeau; parvenu à maturité, de légères pressions ont suffi pour faire écouler le pus par la plaie. Enfin, j'enlevai, du 20 au 24 mars, trois nouvelles portions osseuses, l'une de la largeur d'un écu de trois livres, les deux autres de celle d'une pièce de dix sous. La dure-mère, mise à découvert par cette opération, offrait une surface vermeille, granulée; j'appliquai mollement et maintins appliqué avec exactitude le lambeau qui s'était bien dégorgé; des adhérences s'établirent, une petite esquille se détacha encore, et le malade sortit de l'hôpital le 24 avril, deux mois et demi environ après son entrée, en pleine convalescence, ne présentant plus qu'une plaie de l'étendue d'un pouce.

Au commencement de mai, la cicatrisation a

été totalement achevée; et le sujet, parfaitement guéri, jouit depuis lors du libre exercice de ses facultés intellectuelles.

J'ai vu aussi la comotion cérébrale s'accompagner d'un état convulsif général des muscles de la vie de relation; tel est l'exemple suivant:

Joseph Derobert, âgé de 23 ans, en traversant une allée le 20 novembre dernier, fit un faux pas et alla frapper rudement de la tête contre un mur; on l'apporta sur-le-champ à l'hôpital sans connaissance et plongé dans l'assoupissement. Il ne présentait aucune trace de plaie ni de contusion; son pouls était dur, petit et accéléré; à la visite du soir, on fit pratiquer une saignée au bras; pendant la nuit et le lendemain, le malade parut plus fatigué; il offrit deux ou trois fois des symptômes nerveux tout-à-fait ressemblans aux attaques de l'épilepsie; il y avait convulsion des muscles de la face, avec écume à la bouche, contorsion des membres, violentes secousses du tronc, etc. Douze sangsues furent appliquées au cou. J'ordonnai des boissons délayantes et antispasmodiques et un lavement avec le vin émétique trouble; le soir une nouvelle saignée fut pratiquée.

Le 22, les attaques furent plus nombreuses et plus violentes; le malade en éprouva quinze ou vingt dans la journée; deux fois il tomba de son lit; il était continuellement sans connaissance et dans une espèce de délire qui se faisait remarquer quelquefois par une grande loquacité et une grande incohérence dans les idées, d'autres fois par la plus morne taciturnité. Un deuxième lavement avec le vin émétique trouble lui fut administré; je lui fis mettre encore douze sangsues au cou, et je continuai les mêmes remèdes que les jours précédens.

Le 23, le malade éprouva encore deux ou trois attaques.

Le 24 et le 25, plus de convulsion; le traitement fut le même, à l'exception des évacuations sanguines.

Le 26, il entrait en convalescence et avait récupéré l'usage de sa raison, mais il éprouvait des douleurs sourdes dans la tête et la poitrine: douleurs qui cédèrent bientôt au régime et aux boissons délayantes. Aujourd'hui il est entièrement rétabli; il ressent seulement une douleur assez vive à la pointe de la langue; cette douleur dépend d'une morsure qu'il s'y est faite pendant une des attaques épileptiques qu'il a éprouvées;

du reste, il ignore entièrement comment son accident est survenu, et ce qui s'est passé pendant les premiers jours de sou traitement.

Lorsque l'hémiplégie semble revêtir un caractère essentiel, et qu'il est difficile de remonter à sa cause prédisposante ou efficiente, alors elle rentre dans la classe des maladies qu'il faut chercher à combattre par tous les remèdes, même les plus empiriques. Cest dans cette circonstance que nous avons administré la *stricnine* avec plus ou moins d'avantages. Ce médicament est sans doute très puissant; c'est une des belles découvertes dont s'est enrichie la matière médicale; mais son administration doit inspirer une certaine défiance : c'est un violent poison dont l'action se prolonge long-temps encore après le premier résultat obtenu. L'exemple suivant fera connaître toute l'efficacité qu'on peut en attendre, et les inconvéniens dont son emploi peut être suivi.

Un jeune homme, à la suite d'une affection syphilitique combattue par un traitement peut-être trop actif, ressent tout-à-coup de la faiblesse et de l'engourdissement dans les membres inférieurs, et en même temps éprouve une contorsion de la bouche, telle, qu'il ne pouvait parler et manger qu'avec une extrême difficulté. Pendant quarante-six jours son médecin le tient simplement à l'usage des bains et des boissons délayantes : la maladie augmente au point qu'une paralysie complète s'empare de tout l'abdomen, du bassin et des membres pelviens. C'est dans cet état que le malade se confie à mes soins. Après avoir essayé inutilement divers moyens peu actifs, la paralysie faisant des progrès sensibles, je me décide à tenter l'emploi de l'extrait de noix-vomique; j'en fais d'abord prendre un demi-grain: cette première dose fatigue le malade; je suspends le remède pendant quatre jours, puis je le prescris de nouveau, avec le soin d'en modérer pendant quelque temps la dose que j'augmente ensuite progressivement, au point de la porter à 6 grains en vingt-quatre heures; sous l'influence de ce traitement, qui détermine des mouvemens spasmodiques généraux très prononcés, le malade recouvre peu-à-peu la sensibilité et le mouvement dans les parties affectées, et après vingt jours de l'emploi de ce moyen, il sort de l'hôpital, ayant obtenu la faculté de se soutenir sur ses jambes. J'ai appris que deux mois après sa sortie il marchait aussi facilement qu'avant sa maladie, mais que pendant long-temps, quoique en parfaite santé, il a éprouvé des soubresauts et des contractions musculaires spontanées.

Puisque les considérations générales auxquelles je viens de me livrer, au sujet des maladies nerveuses, m'ont conduit à parler de quelques préparations pharmaceutiques inusitées jusques à ces derniers temps, je ne terminerai pas cet article sans dire deux mots de l'iode et de la digitale pourprée.

Il serait difficile d'énumérer tous les remèdes avoués par l'expérience, ou vantés par le charlatanisme, pour la guérison du broncocèle; cependant quand on les soumet à l'analyse, on peut se convaincre que la plupart ont pour base principale l'éponge et ses diverses préparations. C'est aussi dans certaines plantes marines, que l'on a découvert l'hydriodate de potasse, dont M. Coindet, le premier, s'est servi non-seulement pour le goître, mais encore pour toutes ces tumeurs anomales qui n'ont pas de caractère bien déterminé; dans les premiers essais que j'ai faits de ce médicament, je l'ai administré à l'intérieur sous forme de teinture; mais les irritations d'estomac qu'il produisait, même à dose très modérée, me forcèrent d'y renoncer, et depuis, je ne l'ai employé que sous forme d'onguent. Il serait inutile de relater tous les cas où l'iode a diminué de moitié, des trois quarts, et quelquefois résout complétement les engorgemens de la glande thyroïde; je citerai seulement le suivant, comme un des plus positifs que j'ai fait recueillir.

Jean Assouders, âgé de 23 ans, d'un tempérament lymphatique, entra à l'hôpital le 11 mars 1823 pour un broncocèle formé de trois lobes, dont chacun avait à peu près le volume d'une pomme, et qui occupait la partie antérieure et latérale du cou. Il avait vainement employé pour le combattre, les pastilles du docteur Dubois et le collier de Morand, conseillés par un médecin. Lorsque le malade fut soumis à notre inspection, la tumeur était douloureuse, la peau qui la recouvrait était chaude et tendue; la voix était un peu altérée, la déglutition gênée, les mouvemens du cou difficiles; il y avait céphalalgie intense. Je fis de suite appliquer dix sangsues autour de la tumeur; il s'écoula une grande quantité de sang. La céphalalgie diminua; nouvelle application de sangsues, plus de douleurs de tête; topiques émolliens continués pendant quelques jours. Sous l'influence de ces divers moyens, le broncocèle diminua un peu de volume et devint indolent; alors je fis commencer l'usage de la pommade d'iode, avec laquelle le malade se faisait lui-même, deux fois par jour, des frictions sur la tumeur au moyen d'un linge qu'il y appliquait ensuite. Sous l'emploi de ce remède, son goître diminua presque à vue d'œil, et après vingt-deux jours de traitement et l'usage de l'hydriodate de potasse, le broncocèle, sans avoir totalement disparu, fut réduit à un si petit volume, qu'on pouvait le regarder comme guéri. Il n'est survenu dans tout le cours du traitement aucuns symptômes généraux d'irritation.

Il existe actuellement au n.° 110 des blessés, un homme qui se présenta, il y a trois mois, avec un broncocèle énorme. Il fut soumis de suite aux frictions locales faites avec l'iodure de mercure, et depuis lors la tumeur a beaucoup diminué.

J'ai très souvent observé des leucophlegmaties à la suite de la rougeole, de la répercussion d'exanthèmes cutanés ou de la suppression d'un ulcère habituel, lorsque les malades avaient eu l'imprudence de s'exposer à un refroidissement subit. La première indication qui se présentait à remplir pour combattre cet accident, était d'établir des points de suppuration supplémentaire, et d'ouvrir les couloirs naturels par les remèdes qu'on sait agir directement sur eux. Ainsi les purgatifs, les diurétiques, les sudorifiques étaient tour-à-tour employés à cet usage. C'est dans cette intention aussi, que j'ai administré la digitale pourprée de la manière suivante :

Poudre de digitale	gr.	vj.
Poudre de scille.	gr.	x.
Nitrate de potasse.	gr.	xv.
Conserve d'enula-campana .	q. s.	

à prendre en plusieurs doses et à différens intervalles, suivant l'âge du malade, la constitution et la susceptibilité plus ou moins grande de son estomac. Ce remède agit avec célérité en provoquant la sécrétion des urines ; j'en ai retiré de si grands avantages, que je n'hésite pas à le regarder comme le plus prompt et le plus sûr de tous. Parmi les malades qui ont fait usage de cette préparation, il en est un qui fut guéri en moins de huit jours : c'est un enfant de 11 ans, qui portait un dépôt froid à la cuisse, et qui fut saisi brusquement par le froid, un jour qu'il se promenait par un temps pluvieux dans les corridors de l'hôpital : à l'instant il est saisi d'un mouvement fébrile qui le force à regagner son lit. Le lendemain à ma visite, je le trouvai plus fatigué que la veille; il avait peu dormi, les frissons s'étaient renouvelés deux ou trois fois dans la nuit; il éprouvait un commencement de gêne dans l'acte de la respiration; la peau était sèche et décolorée, le pouls petit et lent, la sécrétion des urines diminuée, la fluctuation de l'abcès moins sensible; prescription d'une tisane de bourrache et de violette édulcorée avec l'oximel; diète.

Le second jour, la difficulté de respirer augmente, la face est bouffie, point de sécrétions; mêmes remèdes que la veille, synapismes aux extrémités inférieures, potion calmante pour la nuit.

Le troisième jour, infiltration des jambes; alors je prescris la digitale pourprée; l'enflure augmente, gagne les cuisses et les parois abdominales; il y a menace de suffocation; j'augmente la dose de l'opiat dont j'ai indiqué la formule, et le quatrième jour, au soir, le malade rend une plus grande quantité d'urines. Le cinquième, on continue les mêmes moyens; l'enflure quitte le bas-ventre, et successivement les cuisses et les jambes, en sorte que le dixième jour, après avoir pris 50 grains de digitale pourprée, le malade fut complétement guéri, et sortit de l'hôpital quelque temps après, dans l'état de santé le plus satisfaisant. L'abcès avait été ouvert avec le bistouri, et les parois s'étaient recollées. Ce jeune malade m'intéressait doublement et par sa position et par sa famille: il était parent fort rapproché du docteur Mazet, mort au champ d'honneur à la fleur de son âge.

On a pu se convaincre par l'exposé très succinct que nous venons de faire des diverses méthodes de traitement applicables aux maladies chirurgicales, qu'il n'en est pas d'exclusives, et que chacune peut et doit trouver son cas d'application. Pour compléter cette première partie de notre travail, j'ajouterai que nous avons, autant que possible, simplifié notre matière médicale, et réduit de beaucoup le nombre des médicamens que la pharmacie met à notre disposition. L'expérience nous a démontré que, même dans les hôpitaux, le tartrite antimonié de potasse et les purgatifs n'étaient pas d'une nécessité si absolue, qu'il fallût en faire un usage abusif. Ces remèdes, et le premier surtout, n'ont été employés qu'avec parcimonie, pour toutes les inflammations et sub-inflammations de l'estomac et des intestins, les embarras gastriques, l'érysipèle bilieux, les plaies de la tête, etc. L'expérience nous a démontré qu'une diète sévère, des boissons délayantes, des lavemens émolliens, quelques tisanes légèrement laxatives, les révulsions sur les extrémités supérieures ou inférieures, suivant le siége de la maladie, étaient, toutes choses égales d'ailleurs, bien préférables aux excitans portés sur la muqueuse gastro-intestinale. Nous avons également été très réservés sur l'emploi du quinquina et de ses diverses préparations; rarement je l'ai administré en extrait ou en substance, car il faut convenir que l'adynamie et l'ataxie deviennent chaque jour moins redoutables depuis qu'on s'est appliqué à mieux traiter les phlegmasies dont elles n'étaient jamais que la conséquence; cependant j'ai parfois donné le sulfate de quinine pour les fièvres intermittentes tierces ou quartes du printemps et de l'automne, encore dois-je observer que le plus souvent j'ai vu ces affections essentielles ou symptomatiques, comme on voudra les désigner, céder à l'emploi des amers indigènes après cinq ou six jours de traitement.

Si la thérapeutique médicale est d'un si grand secours pour le traitement des maladies externes, si la chirurgie lui doit en partie les progrès immenses qu'elle a faits depuis quelques années, n'oublions pas toutefois que les médicamens internes ne sont le plus souvent que des moyens auxiliaires dans la pratique chirurgicale. Je voudrais pouvoir exprimer comme je le sens, toute l'importance que j'attache à l'art des opérations et même des pansemens. Rien ne doit être négligé, quand, pour soulager un malade, on est dans la dure nécessité d'ajouter de nouvelles souffrances à celles qu'il endure déjà. J'ai souvent pensé qu'à mérite égal, le meilleur chirurgien serait celui auquel les angoisses de la douleur ne seraient point étrangères. On est d'autant plus compatissant pour les maux d'autrui qu'on les a ressentis soi-même. Cette vérité de tous les temps devrait toujours être présente à l'esprit de celui qui va porter le fer et le feu sur le corps de son semblable; mais, en faisant abstraction de ce sentiment d'humanité qui doit soutenir le courage, enchaîner la témérité et guider la main de l'opérateur, il est certain que le succès d'une opération dépend beaucoup de son mode d'exécution et des pansemens subséquens. Cela est si vrai, que je me serais fait un cas de conscience d'abandonner à de jeunes gens encore peu exercés, la levée d'un premier appareil, ou le pansement d'une fracture comminutive. Je m'étais fait un devoir d'appliquer moi-même, au moins la première fois, tout appareil un peu compliqué, et de ne confier à d'autres le soin des malades que j'avais opérés, qu'après le quatrième ou le cinquième jour.

Le nombre des opérations que j'ai pratiquées dans l'espace de six années, sans y comprendre l'ablation des tumeurs chancreuses de la face, l'excision des tubercules squirrheux de la peau, les polypes des cavités nasales, les amputations des phalanges ou des doigts, l'extraction des séquestres nécrosés ou des ongles rentrés dans les chairs, et tout ce qui est du ressort de la petite chirurgie; ce nombre, dis-je, s'élève à 7 ou 800, ce qui donne un terme moyen de 125 à 130 par an. Au reste, ce calcul n'est qu'approximatif, parce qu'il est impossible que notre surveillance pour la sortie des malades, ne soit pas quelquefois en défaut. Mais si le tableau que je vais mettre sous vos yeux présente quelques lacunes, il offrira néanmoins un relevé comparatif exact des succès et des revers dans les opérations; ce qui peut être de quelque intérêt pour la science et pour l'humanité.

Dans les trois dernières années de ma pratique, je n'ai pas trouvé un seul cas où l'opération du trépan fût indiquée et offrît quelque chance de succès. Quoique je fusse en garde contre les suites presque toujours funestes d'une telle opération, bien que l'expérience de tous ceux qui ont exercé la chirurgie dans les grands hôpitaux, et la nôtre propre, aient pu pousser notre défiance jusqu'au découragement, je l'aurais tentée de nouveau si le cas s'était présenté, car je reconnais qu'elle peut être d'un grand secours dans quelques circonstances.

Une des opérations les plus brillantes de la chirurgie, celle que tous les malades supportent sans effroi et sans douleur, et qui ne compromet jamais leur existence, c'est la cataracte. Ici, Messieurs, aucune chance défavorable n'est à craindre; l'insuccès même ne peut ajouter à la gravité du mal, la réussite n'est point le prix de la douleur et de la mutilation, et cependant quel résultat que celui de rendre à la lumière le malheureux plongé dans les ténèbres, de le restituer en quelque sorte à la société qui l'avait perdu! il n'en est pas dont les bienfaits soient ressentis d'une manière aussi vive, aussi instantanée par l'opérateur et le malade. Il est rare que ce dernier, au moment où il aperçoit la main qui vient de déchirer le voile qui couvrait ses yeux, ne s'attendrisse et ne témoigne par ses gestes ou par ses larmes, l'émotion du plaisir qu'il éprouve; souvent aussi l'opérateur est obligé de réprimer cet élan de sensibilité, et de se refuser à ces premiers gages d'une reconnaissance qui ne doit point éclater encore.

J'ai fait deux cent cinquante fois cette opération, et voici les résultats que j'ai notés à la sortie des malades de l'hôpital: succès complets 166; demi-succès 28, les malades compris dans cette catégorie n'y voyaient que pour se conduire; insuccès 55; ce qui réduit nos cas de réussite aux deux tiers de la totalité; mais je dois observer que, dans les hôpitaux, quelle que soit l'excellence de la méthode opératoire, la surveillance du chirurgien, le zèle et l'intelligence des sœurs infirmières attachées au service des opérés, il est une foule de circonstances fâcheuses qui compromettent à chaque instant les espérances les mieux fondées. Il faut savoir aussi que plusieurs malades inscrits au nombre de ceux qui sont sortis sans y voir, ont fini par recouvrer la vue après un temps plus ou mois long, lorsque leur cristallin avait été complétement absorbé. Un exemple bien remarquable de cette absorption tardive est le suivant.

Deux enfans, nés à St-Bonnet-le-Froid, âgés l'un de 7 ans, l'autre de 9, adonnés à une vie très pénible, exposés à toutes les intempéries de l'atmosphère, couverts des haillons de la misère, avaient perdu la vue depuis dix-huit mois, lorsqu'ils furent conduits dans cet hôpital par leur père qui venait aussi y demander un asile; leurs cataractes étaient d'un blanc laiteux, les yeux bleus et l'iris très contractile. Je les opérai tous les deux d'un seul côté, le 15 mai 1822. L'un et l'autre y virent très distinctement après l'opération, reconnurent différens objets que je leur montrai, et surtout leur père qui était à mes côtés et qu'ils n'avaient pas vu depuis long-temps. Il serait difficile de peindre la scène de plaisir et d'attendrissement dont nous fûmes témoins; il fallut par prudence y mettre fin et imposer au père la contrainte de ne visiter ses enfans qu'après les premiers pansemens; mais le plaisir d'avoir rendu la vue à ces infortunés ne devait pas être de longue durée; tous les deux prirent la petite vérole peu de jours après celui qu'ils avaient revu avec tant de bonheur; ils furent, l'aîné surtout, en danger de perdre la vie, et lorsqu'ils entrèrent en convalescence, j'eus la douleur de voir leurs cristallins remontés. Nous étions alors dans les chaleurs les plus fortes de l'année, je leur promis de les opérer de nouveau au mois de septembre, et de les garder jusques à cette époque. Un jour du mois de juillet que je causais à ma visite avec le plus jeune, j'appris de lui qu'il commençait à distinguer la clarté du soleil, j'examinai son œil, et je fis voir aux personnes qui m'assistaient que le cristallin commençait à s'absorber; deux ou trois jours après, l'autre frère m'offrit le même phénomène, et en trois semaines ils recouvrèrent l'un et l'autre la faculté de voir, et se rendirent à pied, avec leur père, de Lyon à St-Bonnet, leur pays. Je les ai revus cette année; leurs yeux sont encore dans un état plus satisfaisant.

Quelquefois l'absorption se fait d'une manière si prompte et si efficace, que non-seulement elle couronne l'œuvre de l'opérateur, mais encore peut tenir lieu d'opération, comme dans les deux cas suivans.

Au mois de juillet 1821, il entra à l'hôpital

deux malades affectés chacun d'une cataracte; l'un était chasseur au 23.me régiment, l'autre était un cordonnier que m'avait adressé notre honorable confrère le docteur Pacoud, de Bourg. Ils avaient reçu tous deux une contusion sur l'œil, à la suite de laquelle s'était formée la cataracte. Je me proposais de les opérer, et je n'attendais pour cela qu'un jour favorable, lorsque je crus remarquer que sur l'un d'eux la capsule cristalline antérieure commençait à s'exfolier; bientôt il s'en détacha des lambeaux qui tombèrent dans la chambre antérieure où ils furent absorbés. Au bout de quelque temps tout avait disparu; il ne restait que des fragmens de membrane ou de cristallin au bas de la pupille, et le malade quitta l'hôpital parfaitement guéri et y voyant très bien de cet œil. Cette guérison spontanée me fit ajourner l'opération que j'avais projetée pour l'autre malade, et je n'eus qu'à m'en applaudir, puisque deux mois plus tard sa cataracte disparut de la même manière.

C'est en partie sur cette force d'absorption qu'est établie la préférence que plusieurs opérateurs accordent à la méthode par abaissement; c'est la seule que nous ayons mise en pratique, quoique nous soyons loin de prétendre que l'extraction n'ait pas les mêmes avantages entre des mains exercées à la pratiquer.

S'il fallait juger de l'importance et de la gravité d'une opération par le nombre et la variété des méthodes et des procédés qu'elle comporte, nous placerions en première ligne celle de la fistule lacrymale : que d'instrumens divers, que de modes différens d'exécution ont été inventés jusque dans ces derniers temps pour guérir une maladie bien moins grave qu'incommode, et si souvent rebelle à tous les moyens que l'art et la patience peuvent lui opposer! Chaque opérateur a pour ainsi dire sa méthode de prédilection. La meilleure n'est pas celle qui guérit le plus promptement, mais le plus surement. Certes, il est facile de rétablir le cours des larmes, on y parvient par tous les procédés connus, et l'opération réussit toujours primitivement; mais l'essentiel est de prévenir le retour de la maladie, et c'est à remplir cette seconde indication que nous devons appliquer tous nos soins.

J'ai essayé la plupart des méthodes accréditées par l'expérience, j'ai placé la mèche de coton sur cinq ou six malades, et j'ai pu me convaincre que le moindre inconvénient de ce mode opératoire était la difformité qu'il laisse au grand angle de l'œil. La méthode de Hunter que j'ai pratiquée douze ou quinze fois, m'a paru constamment plus difficile dans son exécution et plus douloureuse pour le malade; elle expose à briser l'os unguis; les pansemens subséquens toujours pénibles ne peuvent être confiés qu'aux personnes de l'art, et le boursoufflement de la membrane muqueuse du nez, rend quelquefois très difficile et très douloureuse l'introduction de la corde à boyau. J'ai tenté, sur une sœur hospitalière de cette maison et sur un pharmacien de ce pays, la méthode d'Anel. Ces deux malades ont été soumis à cinquante ou soixante injections par les points lacrymaux, sans aucun résultat favorable. Un moment aussi, j'ai cru aux brillans succès de la canule d'or; je m'en suis servi dix ou douze fois, et j'ai été forcé de réopérer d'une autre manière la plupart des malades, soit que le conduit artificiel se fût bouché, ce que j'ai pu vérifier deux ou trois fois, soit que la canule se fût déplacée par un mouvement d'ascension qui la faisait remonter dans le sac lacrymal. Il n'y a guère plus d'un mois que j'en ai enlevé une que j'avais placée à la fin de 1819; la femme qui la portait était venue, à différentes reprises, faire assujettir ou désobstruer cette canule qu'elle tenait tant à conserver. Ces divers essais, presque tous infructueux, m'ont fait donner la préférence à la méthode de Desault que j'ai pratiquée plus de soixante fois, avec une légère modification que j'ai fait connaître dans le temps.

La crainte de voir la maladie récidiver après un temps plus ou moins long, est non-seulement applicable aux opérations de cataracte et de fistule lacrymale, mais encore à la plupart de celles que nous avons encore à examiner. Il ne faudrait pas toujours en rendre responsable l'opérateur; car, si l'on peut s'en prendre à son inexpérience, lorsqu'un cristallin a été mal extrait ou mal abaissé, une fistule mal pansée, une artère liée trop près de la tumeur anévrismale, lorsqu'il a fait en pure perte des incisions trop larges et trop profondes pour débrider une hernie étranglée, ou qu'il s'est livré à des efforts immodérés pour extraire un calcul qu'avec plus de ménagemens on aurait enlevé en entier, il faut convenir qu'il est des cas malheureux où toute sa prévoyance, son habilité, son savoir peuvent se trouver en défaut. Qui oserait pronostiquer d'avance le résultat d'une opération de cancer? Quel est celui qui n'a pas vu échouer toutes ses espérances au moment où il croyait triompher de cette horrible maladie, ou s'applaudir d'un succès inespéré, lorsque toutes les probabilités se trouvaient contre lui? est-il étonnant dès-lors que quelques chirurgiens aient donné le précepte de ne jamais toucher aux affections cancéreuses, et que d'autres aient appuyé l'opinion contraire de faits et d'observations irrécusables? tout cela prouve que le cancer étant inconnu dans sa nature, pouvant revêtir toutes les formes, ne suivant pas constamment la même marche, a souvent été confondu avec d'autres maladies. Cela est si vrai, qu'un des hommes dont s'honore le plus la chirurgie française, ose assurer que toutes les tumeurs du sein, guéries radicalement par l'opération, n'étaient pas des cancers, et cependant il conseille d'opérer dans presque tous les cas.

Il est facile de concilier ces deux opinions en apparence si contradictoires; en effet, on voit si fréquemment cette maladie reparaître, après un temps plus ou moins long, qu'on serait tenté de croire qu'aucune affection décidément cancéreuse ne peut échapper à cette fatale récidive.

Lorsque, en 1821, je rendais compte des opérations pratiquées dans l'année 1818, je prouvai que sur quinze malade, six avaient vu repulluler la maladie six mois après l'opération, et quatre autres, deux ou trois ans plus tard. Depuis cette époque j'en ai fait quarante-cinq, et j'ai constamment obtenu le même résultat. J'ai vu l'affection locale reparaître sur le lieu même de l'opération ou sur un point plus ou moins éloigné, avant la cicatrisation complète de la plaie.

Une demoiselle de Chambéry entre dans les chambres payantes de l'Hôtel-Dieu pour se faire enlever une tumeur squirrheuse du sein; elle sort au bout de trois semaines dans l'état le plus satisfaisant; il ne restait de l'opération qu'une petite plaie de la largeur d'une pièce de deux francs. Je ne fis rien pour en accélérer la cicatrisation, car la malade s'était constamment refusée à l'établissement d'un cautère au bras. Trois mois après son départ, elle revint avec un champignon cancéreux du volume du poing: je l'opérai de nouveau; je fis une très grande déperdition de substance, et malgré cette précaution la maladie repullula au huitième ou dixième pansement, et rien ne put en arrêter les progrès qui furent toujours croissant.

Au mois de septembre 1822, j'opérai Antoine Lerme d'un sarcocèle dont le volume égalait celui de la tête d'un enfant de deux ou trois ans. Cette opération fut très laborieuse; je fus obligé de lier quatorze ou quinze artères qui fournissaient beaucoup de sang; mais le courage du malade, sa constitution vigoureuse et sa docilité le garantirent des accidens que j'avais à redouter. Il sortit de l'hôpital complétement guéri au bout d'un mois, et quelque temps après il reprit ses travaux habituels et toute la force physique dont il était doué. Au mois d'août dernier, ce malade est venu me consulter pour une tumeur énorme qui s'était développée au pli de l'aine, et que je reconnus pour être un cancer des glandes inguinales, c'est-à-dire un retour de la première maladie que l'opération n'avait pas détruite en totalité, et qui maintenant est tout-à-fait inopérable.

Mais, de ce que le cancer semble se jouer de tous nos moyens les plus puissans, s'ensuit-il qu'on doive l'abandonner à lui-même, et que, dans aucun cas, le fer et le feu ne puissent en triompher? je ne le pense pas; je crois, au contraire, que si l'opération réussit rarement, c'est qu'on la tente toujours trop tard, et qu'un plus grand nombre de malades seraient sauvés par elle, s'ils avaient le courage de s'y résigner de bonne heure; d'ailleurs, n'en voit-on pas tous les jours guérir radicalement, même après une seconde opération? et, si l'on ne veut pas tenir compte des exemples de guérison trop récens, n'avons-nous pas à l'appui de notre proposition les cinq malades opérés en 1818 et qui sont encore pleins de vie et de santé? Je suis si éloigné de regarder l'opération du cancer comme devant être proscrite de la médecine opératoire, que je n'en connais pas qui, toutes choses égales d'ailleurs, soit moins à redouter pour ses accidens primitifs; et que selon moi il n'est qu'une contre-indication qui doive nous retenir, c'est lorsqu'on prévoit d'avance qu'on ne pourra pas enlever la totalité du mal. L'âge, la constitution du malade, le volume de la tumeur, les ulcérations ou tubercules dont elle se couvre, sont des circonstances sans doute bien défavorables, mais non pas des difficultés insurmontables; je n'en veux d'autre preuve pour le moment que l'observation suivante.

Jeanne-Marie Fagolet, âgée de 58 ans, mère de quatre enfans, brune et d'une forte constitution, parvint à l'âge critique sans accidens. A 50 ans, deux ans après la cessation des menstrues, son sein devient le siége d'une tumeur indolente et sans changement de couleur à la peau, qui n'occupe d'abord qu'une petite portion de la glande, mais qui bientôt s'accroît et envahit toute la mamelle. Même dans cet état, la tumeur conserve ordinairement son indolence, seulement il s'y développe des douleurs lancinantes passagères, si la malade s'expose au froid et à l'humidité. Après avoir passé deux années dans cet état, Marie Fagolet applique sur son sein des substances dont la nature nous est inconnue, et prend les eaux de Charbonnières; alors sa maladie fait des progrès rapides, les glandes de l'aisselle s'engorgent, la tumeur devient inégale et douloureuse, bientôt elle s'ulcère, ses bords se recouvrent de petits boutons tuberculeux: on se borne au diapalme pour tout pansement, mais on continue les eaux de Charbonnières; bientôt le sein acquiert un volume énorme, les douleurs augmentent toujours, de fréquentes hémorragies viennent se joindre aux souffrances qui sont parfois si vives que la malade en perd connaissance; enfin, elle se rend à l'Hôtel-Dieu de Lyon, le 4 août 1819, sixième année de sa maladie, dans l'état suivant : tumeur d'un volume considérable, occupant non-seulement le sein, mais encore s'étendant jusqu'à la partie la plus élevée de l'aisselle, inégale dans les endroits où elle n'est pas ulcérée ; surface des ulcères grisâtre, bords variqueux et couverts de petits boutons tuberculeux, souffrances atroces, insomnie qui résiste aux narcotiques, hémorragies assez fréquentes qui jettent cette malheureuse femme dans une extrême faiblesse ; peau jaunâtre et même terreuse, pouls petit, misérable ; enfin, tendance rapide au marasme et à la mort. L'opération est décidée, la tumeur est comprise dans deux incisions sémi-elliptiques, qui s'étendent jusques au haut du creux de l'aisselle ; la déperdition de substance est énorme ; la plaie avait au moins six pouces de haut en bas, et huit de dedans en dehors (la tumeur était formée par un tissu lardacé, renfermant des kistes qui contenaient de la matière encéphaloïde). Après avoir lié quelques vaisseaux, on rapproche les bords de la plaie avec des bandelettes agglutinatives, et l'on panse à plat (délayans, diète). Les accidens primitifs sont peu considérables, la fièvre est presque nulle ; tout va pour le mieux jusques au huitième jour que la malade commet des écarts de régime; alors fièvre, diarrhée, catarrhe pulmonaire, qui continuent pendant un mois et demi : cependant, malgré le développement de ces accidens, et malgré l'indocilité du sujet, la plaie marche avec rapidité vers la guérison; en six semaines elle est réduite à un cinquième de son étendue; enfin, deux mois après l'opération la malade sort de l'hôpital entièrement rétablie, et n'offre plus qu'une petite ulcération que quelques jours de plus auraient suffi pour cicatriser tout-à-fait.

Si j'avais à chercher des transitions pour le sujet que je traite, je n'en trouverais pas de plus heureuse que de placer à côté d'une opération qui fait le désespoir de l'art, celle qui en est au contraire le triomphe le plus constant et le plus assuré; celle qui, faite par une main habile et dans le moment opportun, sauve la vie au malade, et le débarrasse à la fois d'une infirmité très incommode. On voit que je veux parler de la hernie étranglée; cette maladie, si commune dans la classe ouvrière et indigente, et par conséquent si fréquente dans les hôpitaux, est une des plus graves de la chirurgie; sa marche est prompte, sa terminaison fâcheuse; quelques heures suffisent pour compromettre les jours de celui qui en est affecté; le moindre délai peut lui devenir funeste; l'opération seule peut le sauver; mais il faut se hâter et savoir la pratiquer à temps, alors on peut assurer qu'elle réussira dix-huit fois sur vingt. Si maintenant on compare la gravité du mal avec le succès presque toujours assuré de l'opération, on ne sera pas étonné que nous la regardions comme la plus rationnelle et la plus efficace de toutes.

Mais malheureusement les malades sont toujours portés à temporiser et à retarder l'instant de la délivrance, ce qui fait qu'un quart au moins de ceux que nous avons opérés, bien qu'ils l'aient été au moment de leur entrée, à toute heure de la journée, et souvent au milieu de la nuit, nous ont offert des tumeurs déjà frappées de gangrène, et qui ont diminué de beaucoup les chances de succès.

Chaque année nous avons vingt-cinq ou trente hernies étranglées dans nos salles de chirurgie. Nous avons eu le bonheur de réduire ce nombre de moitié par le taxis, le reste a nécessité l'opération. Soixante-dix personnes l'ont supportée avec des circonstances qui n'étaient pas toujours les mêmes : les unes étaient affaiblies par l'âge, d'autres par la misère ; le plus grand nombre avait essuyé un mauvais traitement et des manœuvres intempestives ou mal dirigées ; quinze ou seize ont succombé, et cinquante-cinq ont été radicalement guéries. La complication qui nous a paru la plus fâcheuse, et qui nous a enlevé le plus de malades, c'est l'inflammation du bas-ventre plutôt que la gangrène des parties déplacées. Cette dernière entraîne toujours à sa suite une incommodité bien dégoûtante, l'anus artificiel ; mais lorsqu'on a le soin, ainsi que nous l'avons fait, de repousser l'intestin frappé de mortification dans l'abdomen, en le retenant près de l'anneau à l'aide d'un fil ciré passé dans le mésentère, de faire comprimer légèrement dans le fond de la plaie, et d'administrer tous les jours un ou deux lavemens, on voit petit à petit l'ouverture se resserrer, les matières sortir en moins grande quantité, et au bout de trois semaines le malade entièrement rétabli et de l'opération et de ses suites. C'est par cette méthode que j'ai guéri huit ou dix anus artificiels, un entre autres qui datait de onze mois ; un autre sur un vieillard dont je conserve l'observation que je ne rappellerai point ici en entier : ce malheureux se présenta à nous avec une hernie scrotale du volume d'un chapeau; tout était frappé de gangrène, la peau, le tissu cellulaire, les intestins et l'épiploon. J'en fis la résection avec des ciseaux et une pince à disséquer; la déperdition de substance fut considérable; je prescrivis de bonne heure quelques cordiaux et un régime analeptique pour soutenir les forces; la plaie fut pansée avec la décoction de quinquina et la poudre de charbon; bientôt les escarres gangréneuses s'exfolièrent et mirent à découvert des bourgeons charnus de bonne nature; pendant un mois et demi toutes les matières alvines prirent leur cours par la plaie de l'opération; mais au bout de ce temps elles passèrent par les voies naturelles, et après cinq mois de séjour à l'hôpital, le malade n'offrait plus qu'une très légère fistule au niveau de l'anneau par laquelle suintait, en très petite quantité, un liquide légèrement jaunâtre.

On a dit avec raison que le bubonocèle était l'opération la plus insolite de la chirurgie; en effet, les cas ne se présentent jamais de la même manière, on ne peut jamais préciser au juste ce qu'on rencontrera dans une tumeur herniaire.

J'ai vu plus d'une fois que les symptômes généraux n'étaient point en rapport avec le désordre local; j'ai trouvé des hernies gangrenées sur des malades qui n'avaient point éprouvé de vomissemens; d'autres fois, croyant opérer sous les plus fâcheux auspices, j'étais tout étonné du peu de progrès qu'avait fait l'inflammation. Il est encore d'autres erreurs de diagnostic qu'il est difficile de pouvoir éviter; ainsi, j'ai opéré deux femmes pour de simples étranglemens du sac, que je trouvai vide de toute matière solide.

Antoinette Jardet, âgée de 60 ans, avait, il y a 22 ans, ressenti pendant le travail de l'enfantement (c'était son quatrième accouchement) des douleurs vives dans le pli de l'aine du côté gauche; trois mois après, elle s'aperçut d'une tumeur peu volumineuse dans le même point; elle la comprima légèrement entre ses doigts, la fit rentrer, et la maintint réduite à l'aide d'un bandage; ce dernier lui parut bientôt trop incommode; elle y renonça et se contenta, pendant l'espace de 22 ans, de réduire la hernie chaque fois qu'elle reparaissait. Le 19 novembre 1822, la tumeur s'étant montrée de nouveau, le taxis, cette fois, fut infructueux, et la malade se fit transporter de suite à l'Hôtel-Dieu. Je reconnus aisément une hernie étranglée, peu volumineuse, allongée, occupant le pli de l'aine, dans la direction de l'arcade crurale, et s'accompagnant d'une légère tuméfaction du ventre et de douleurs assez vives, qui, de la tumeur, se propageaient dans l'abdomen; elle me parut irréductible. La malade avait de fréquentes envies de vomir, mais ne vomissait point encore. Je crus devoir, vu le peu d'intensité des symptômes, différer le moment de l'opération; mais, huit heures après, les accidens devenant plus graves, je fus contraint de la pratiquer de la manière suivante : je divisai d'abord la peau et une couche de tissu cellulaire lamineux; le sac, mis à découvert, offrit une élasticité remarquable. Ponctionné dans son milieu avec la pointe d'un bistouri, il laissa échapper une très grande quantité de sérosité; l'ayant fendu dans toute sa longueur, je ne trouvai rien dans son intérieur, et l'extrémité du doigt, portée vers l'anneau crural, me permit de reconnaître le degré d'étroitesse de cette ouverture où je pus à peine introduire une petite sonde canelée : j'en fis le débridement; je pansai la malade; quelques heures après, les accidens se calmèrent, la plaie se cicatrisa promptement; le sac qui était épais et comme fibro-cartilagineux, s'exfolia en partie, et la malade sortit de l'hôpital parfaitement guérie, quinze jours après.

Enfin, j'ai rencontré une fois la vessie dans une hernie scrotale. Voici le fait :

M. ****, âgé de 70 ans, d'une frêle constitution, épuisé par de longues souffrances, se présenta dans les chambres payantes de l'Hôtel-Dieu, avec une hernie scrotale étranglée depuis plusieurs jours. Je procède de suite à l'opération de la manière suivante : j'incise le scrotum dans une grande étendue, et après avoir disséqué avec beaucoup de ménagement le tissu cellulaire sous-cutané, au lieu du sac que je devais rencontrer, je ne trouvai qu'une masse charnue, adhérente de toute part, flasque, molle et recouverte d'une infiltration gélatineuse que je pris pour une ancienne hernie épiploïque; j'allongeai l'angle supérieur de la plaie, de manière à mettre à découvert l'anneau inguinal. Je sentis alors une petite tumeur ovoïde, fluctuante et irréductible; je l'ouvris, et trouvai dedans une anse d'intestin phlogosé que je fis rentrer dans le ventre, après avoir débridé l'ouverture aponévrotique qui lui avait livré passage. La plaie fut pansée à plat et le malade soumis au traitement indiqué en pareil cas. Quelques heures après, amélioration dans les symptômes, évacuations alvines abondantes. Le deuxième et le troisième jour, rien de particulier, si ce n'est que le malade urine peu et péniblement. Le quatrième jour, après avoir enlevé toutes les pièces d'appareil, je trouvai dans la plaie une tumeur du volume du poing, ovoïde et fluctuante. Je fis uriner le malade, et cette poche s'étant vidée, je la reconnus pour une hernie vésicale. Au second pansement, la vessie était encore pleine d'urine, mais, cette fois, je ne pus l'évacuer, ni par de douces pressions exercées avec les doigts, ni par le cathétérisme; cependant elle se vida d'elle-même quand le malade fut pansé. Le soir, il y eut des hoquets, des vomissemens et des douleurs qui se faisaient ressentir dans la plaie de l'opération. Le sixième jour, les accidens augmentent, la fièvre devient plus intense; il y a délire, et le malade exhale une odeur d'urine très prononcée; enfin, il succombe, et à l'ouverture du cadavre, je trouvai la vessie très enflammée, se prolongeant de dedans en dehors, à travers l'anneau inguinal, par un collet libre et non étranglé. La portion intestinale avait presque repris sa couleur naturelle, et permettait aux matières de la traverser librement.

Dix fois j'ai pratiqué l'opération de la hernie crurale chez l'homme; j'ai presque toujours débridé le ligament de fallope en haut et dans le milieu, et je me suis convaincu qu'on avait beaucoup exagéré la crainte de l'hémorragie. Il est vrai que j'incisais avec beaucoup de précaution, que je dirigeais mon bistouri de manière à couper plutôt les fibres antérieures que les postérieures, et que je dilatais ensuite de force avec l'extrémité du doigt, qui me faisait sentir l'artère épigastrique en dehors et non loin du lieu où s'était arrêtée mon incision. Cette remarque m'a mis dans le cas d'essayer un autre mode de débridement, qui offre les mêmes avantages et bien plus de sécurité; c'est la section du ligament de Gimbernat. Je l'ai faite deux ou trois fois avec un plein succès, et je n'hésite pas maintenant à lui donner la préférence dans tous les cas.

Que la chirurgie serait bienfaisante, si elle était toujours essentiellement conservatrice, si les malades n'avaient jamais d'autres répugnances à surmonter que les douleurs du moment, d'autres dangers à courir que ceux qui sont inséparables de toute grande opération; si, les premiers accidens passés, ils n'avaient pas à déplorer la perte d'un membre, d'un organe plus ou moins important, ou à gémir sur une difformité trop souvent inévitable! Une fracture comminutive guérie sans amputation et sans raccourcissement, un anévrisme opéré par la ligature, et qui ne laisse à sa suite aucune trace de la maladie première, aucune gêne dans les mouvemens de la partie, une hernie qu'on a fait rentrer par l'opération: voilà les grandes circonstances où l'art devient tout-puissant et doublement conservateur. Mais il en est qui montrent encore mieux jusqu'où son génie peut aller, c'est l'extraction des calculs vésicaux ou la lithotomie. Ici, rien n'est donné au hasard; tout est calculé mathématiquement, et le volume de la pierre, comparé à l'ouverture qui doit lui livrer passage, et la nature des parties à diviser, et l'étendue à donner aux incisions. On sait, à une ligne près, où celles-ci doivent commencer et finir; on connaît la position respective des organes, de manière à s'en approcher de très près sans les intéresser; en un mot, tout ce qui constitue le premier temps de cette opération, équivaut en quelque sorte à une démonstration de géométrie; aussi, que de méthodes et de procédés divers n'a-t-on pas inventés pour mettre autant de précision que possible dans le manuel de la taille chez l'homme et chez la femme! Le plus usité de nos jours, chez le premier, est l'appareil latéral avec le lithotome caché de frère Côme. C'est aussi celui que j'ai pratiqué exclusivement, si j'en excepte deux enfans que j'ai taillés par la méthode de Cheselden, et quelques essais d'un procédé nouveau, que j'ai tentés depuis un an, et dont j'aurai à rendre compte.

J'ai fait quarante-sept fois l'opération de la pierre sur des malades de tout âge et de tout sexe. Quatre femmes y ont été soumises par des procédés différens; sur l'une, je mis en pratique la méthode de Rossi; sur la seconde, l'appareil latéral; sur la troisième, la taille vaginale; la quatrième succomba à une inflammation chronique de vessie qu'avait exaspérée l'opération. Les parois de cet organe offrirent à l'autopsie une épaisseur d'un demi-pouce dans toute son étendue. Les quarante-trois autres malades, tant enfans, adultes que vieillards, nous ont donné trente-trois guérisons et dix morts. J'observe, au sujet de ceux qui ont succombé, que trois ou quatre nous ont présenté de ces complications fâcheuses qui jettent toujours l'opérateur dans un grand embarras, et le malade dans un péril imminent. J'ai eu le malheur de rencontrer trois pierres qui ont échappé à tous mes moyens de recherche et d'extraction : deux étaient enkistées, et la troisième adhérente. Il faut avoir passé par ces épreuves pour se faire une juste idée des angoisses qu'éprouve le chirurgien en pareille occurrence; rien ne saurait peindre l'émotion et le tourment qu'il endure, si ce n'est sa voix, ses gestes, l'aspect particulier de sa physionomie, et cette sueur froide qui ruisselle sur tout son corps. Sans doute, après le malheureux patient, il est bien le plus à plaindre et le plus souffrant.

Souvent l'exploration est facile et l'extraction très laborieuse ; ainsi, j'ai enlevé cinq ou six calculs d'un volume énorme, un entre autres qui pesait de 7 à 8 onces. Cette fois, le succès a passé mes espérances ; tous ces malades se sont tirés d'affaire, et ont été radicalement guéris; enfin, je noterai, comme objet de simple curiosité, trois cas dans lesquels j'ai trouvé des corps étrangers formant le noyau du calcul. Sur un jeune homme de 18 ans, c'était un petit morceau de bois qu'on aurait dit récemment détaché d'un arbre en pleine végétation ; sur une fille de 22 ans, c'était une bague de cuivre. Le troisième fait paraîtrait incroyable, si je n'en faisais pas connaître les principaux détails.

Le nommé Girard, âgé de 55 ans, d'une constitution pléthorique, adonné au vin, éprouve un jour, en sortant du cabaret, une strangurie complète. Tourmenté par le besoin d'uriner, et dans un état complet d'ivresse, il veut se sonder avec une aiguille d'emballeur; l'instrument lui échappe des doigts et tombe dans la vessie, où il reste pendant plusieurs mois. Le moindre mouvement que ce malheureux faisait était accompagné de douleurs atroces. J'essayai à diverses reprises de saisir et d'extraire ce corps étranger avec la sonde à gaine de Hunter; toutes mes tentatives furent infructueuses; je proposai l'opération de la taille; le malade y consentit, et je la pratiquai le 14 août 1821. Je retirai par son extrémité très acérée, et qui correspondait au commencement de l'urètre, cette aiguille qui avait 6 pouces de longueur, et dont toute la portion renfermée dans la vessie était incrustée de phosphate calcaire. Le malade, un mois après, quitta l'hôpital totalement guéri.

Dans un premier Compte-Rendu, après avoir énuméré toutes les opérations de taille que j'avais pratiquées jusqu'alors, j'annonçai que très incessamment je tenterais la nouvelle méthode recto-vésicale qui commençait à prendre faveur, et c'est l'année dernière, à pareille époque, que je la fis pour la première fois sur un enfant âgé de trois ans, et sur un jeune homme à la fleur de l'âge. Ces deux essais furent des plus heureux. L'enfant sortit au bout de six semaines complétement guéri et sans fistule, et le jeune homme, après cinq mois, avec une légère fistule qui s'oblitéra bientôt ; ce qui me fut confirmé par le médecin auquel je l'avais adressé pour l'observer attentivement. Encouragé par ce premier début, je taillai de la même manière, au printemps de 1823, deux enfans en bas âge, et je les perdis l'un et l'autre d'une violente inflammation du bas-ventre. Quand on réfléchit qu'à cette époque de la vie, l'intestin rectum, doué d'une sensibilité plus exquise, doit ajouter à la gravité des accidens inflammatoires ; quand on pense aux entraves que doit apporter à l'exécution de cette opération la chute si fréquente de cet intestin ; enfin, si l'on réfléchit que chez l'enfant, l'hémorragie n'est pas plus à craindre, et l'introduction du doigt dans la vessie tout aussi facile par toute autre méthode, on conviendra que la taille recto-vésicale n'offre pas pour lui les mêmes avantages que pour l'adulte, et surtout pour les personnes d'une corpulence remarquable; aussi, j'y ai renoncé dans ces circonstances, tout en poursuivant mes recherches dans les cas où elle me paraissait mieux indiquée. Je l'ai faite dans le courant de l'automne dernier trois fois. Le premier malade n'a rien présenté de particulier; il est sorti guéri à la fin de novembre. On va voir que des deux autres, l'un ne pouvait échapper au sort funeste qui lui était réservé, et que l'autre ne pouvait guérir que par la nouvelle méthode.

Pierre Seraillet, âgé de 25 ans, cordonnier, doué d'une vigoureuse constitution, se présenta à l'Hôtel-Dieu de Lyon sur la fin d'octobre 1823, pour se faire opérer de la pierre. Ses souffrances étaient très vives, surtout après l'évacuation des urines, et il désirait ardemment l'opération. Le cathétérisme pratiqué et la présence de la pierre reconnue, le malade, après huit jours de préparation nécessaire, fut opéré par la méthode recto-vésicale. A la première introduction des tenettes, je reconnus que le calcul était adhérent par une de ses faces; je le détachai avec beaucoup de précaution et non sans beaucoup de peine à l'aide d'une curette, et j'en tentai l'extraction au moyen des tenettes; mais il était si fragile, qu'il fut brisé en plusieurs fragmens. En allant à leur recherche, j'amenai avec eux deux ou trois lambeaux de la membrane muqueuse de la vessie. Le doigt introduit dans l'intérieur de cette dernière, je la trouvai tapissée d'une quantité prodigieuse de graviers, dont je la débarrassai en partie, soit avec des instrumens convenables, soit à l'aide d'injections nombreuses. Ces manœuvres, comme on le pense bien, durent être longues et les souffrances du malade cruelles. Porté dans son lit, il ne tarda pas à ressentir des douleurs assez vives dans la région hypogastrique, et même dans une grande étendue de l'abdomen. Ces douleurs devinrent de plus en plus intenses; le ventre se tendit, il survint des vomissemens; le pouls était fréquent, vif et serré. A six heures du soir, les urines n'avaient point encore coulé; je passai une sonde par la plaïe, et je donnai, par ce moyen, issue à 3 ou 4 onces d'un liquide sanguinolent. Le malade fut soulagé immédiatement après; mais ce calme ne fut pas de longue durée. Les douleurs reparurent bientôt avec une nouvelle intensité, et se firent sentir dans presque toute l'étendue de l'abdomen. La nuit se passa sans sommeil, et le lendemain matin les urines ne s'étaient point encore écoulées. Nouvelle introduction de la sonde, nouvelle issue d'un liquide sanguinolent qui amène également un peu de calme. A dix heures, les symptômes deviennent plus fâcheux; il survient un léger délire; les conjonctives sont légèrement injectées; le ventre est douloureux, balloné; le pouls serré, petit, d'une fréquence remarquable; l'anxiété cruelle; enfin, le malade ne reconnaît plus personne et succombe à trois heures de l'après-midi, trente heures après l'opération.

A l'autopsie cadavérique, nous trouvâmes les intestins distendus, rosés à l'extérieur, un épanchement dans le péritoine, de 4 à 5 onces d'un liquide sanguinolent; la vessie très épaisse, brunâtre à l'extérieur, et noirâtre sur sa surface muqueuse, qui était ulcérée dans plusieurs points, et tapissée de beaucoup de graviers dans tout son côté gauche, un entre autres offrant le volume d'une noisette. Le trajet de la plaie présentait bien l'espèce d'éperon que doit former la cloison recto-vésicale, lorsque l'opération a été faite d'une manière régulière.

La deuxième observation est celle de Gustave Godefroi, âgé de 46 ans, ancien soldat, qui avait toujours joui d'une bonne santé jusqu'en 1814, qu'il ressentit quelques difficultés à uriner, ce qu'il attribua à une ancienne blénorragie mal traitée, et aux fatigues de la guerre qu'il avait endurées antérieurement. Des boissons délayantes et des bains dissipèrent ces premiers phénomènes qui reparurent ensuite à différens intervalles.

Dans l'été de 1820, le malade prit pendant quinze jours consécutifs le remède de Leroy. Dès ce moment, la strangurie augmenta; de vives douleurs se firent sentir le long de l'urètre; chaque émission d'urine était accompagnée de spasmes. Une inflammation intense s'empara du canal et du tissu cellulaire environnant; divers abcès se formèrent dans ces parties, et de leur ouverture résultèrent quatre fistules au périnée, par lesquelles s'écoulaient sans cesse les urines. Des personnes de l'art, auxquelles Godefroi se confia, tentèrent vainement le cathétérisme; la sonde ne put pénétrer jusque dans la vessie, et ce ne fut que deux ans après, que la présence d'un calcul fut reconnue, et que le malade se décida à venir réclamer les secours de la chirurgie, dans cet hôpital, au mois de juillet 1822.

Le 7 septembre suivant, je lui pratiquai l'opération de la taille par l'appareil latéral. Malgré les dépôts antérieurs et les fistules actuelles qui avaient altéré la forme des parties molles, je parvins avec assez de promptitude dans la vessie; mais la trouvant tapissée dans toute son étendue d'un très grand nombre de graviers, je ne parvins à en faire l'extraction qu'avec beaucoup de temps et de peine, ce qui rendit cette partie de l'opération très laborieuse. Néanmoins, il ne survint aucun accident, et le malade guérit en conservant toutefois une fistule au périnée.

Plusieurs mois après, Godefroi sentit de nouveau des douleurs en urinant. Je le sondai, et reconnus l'existence d'un second calcul, ayant sans doute eu pour noyau quelque gravier échappé à nos premières recherches. L'extrême rigueur de la saison où nous nous trouvions alors, m'empêcha de céder aux vives sollicitations du malade et de sa famille pour l'opérer de nouveau; à cette époque, tous les ouvrages périodiques de médecine préconisaient la sonde à double courant : appareil propre à fondre les calculs vésicaux au moyen de l'eau tiède. Soit pour tromper l'impatience du malade, soit que je voulusse essayer un moyen qui n'offrait du reste aucun inconvénient, je portai dans la vessie deux sondes de gomme élastique, l'une par les voies ordinaires, l'autre par la plaie fistuleuse de l'opération; et tous les jours, par l'une des sondes, j'injectai dans cette poche membraneuse deux pintes d'eau tiède qui ressortaient aussitôt par le double courant que j'avais établi. Après la sixième tentative, le malade se lassa, ne voulut plus me laisser continuer, et renouvela ses instances pour que je l'opérasse : alors, je m'y décidai, et je le fis par la méthode recto-vésicale qui, ainsi que je l'avais prévu, me permit l'introduction du doigt jusque dans la vessie que, par ce moyen, je pus explorer facilement. Je fis l'extraction d'une pierre d'un volume assez considérable ; je nettoyai avec beaucoup de soin la cavité vésicale, et m'assurai qu'il ne restait aucune parcelle de calcul. Aucun accident ne s'opposa à la guérison ; les douleurs et la fièvre ont été moins fortes, et la convalescence moins pénible que lors de la première opération, et le malade, qui a commencé à se lever le huitième jour, est sorti de l'hôpital entièrement débarrassé, non-seulement de sa pierre, mais encore des quatre fistules qu'il portait depuis quatre ou cinq ans.

L'opération que l'on pratique le plus communément dans les grands hôpitaux, c'est le cathétérisme, la plus simple et quelquefois la plus difficile de toutes ; c'est celle, au moins, qui demande le plus d'habitude, de patience et de dextérité. Il me serait difficile de supputer le nombre de fois que j'ai eu à la pratiquer; je dirai seulement qu'elle m'a toujours réussi dans les cas de rétention d'urine, où il était urgent de sonder les malades, et que je n'ai jamais été forcé de recourir à la ponction de la vessie.

Les fistules à l'anus et les opérations d'hydrocèle ne m'ont rien offert de remarquable et digne de fixer votre attention. Je dirai seulement que tous les hydrocèles, au nombre de cinquante ou soixante, ont été opérés par injection avec un plein succès et sans accident. Une seule fois je me suis servi du caustique pour un hydrocèle enkisté du cordon, sur un jeune homme de la suite du capitaine Freyssinet, dans son grand voyage autour du monde. Le malade fut opéré un mois après son débarquement, et sortit guéri de l'hôpital cinq semaines après. L'été dernier, j'ai rencontré un cas assez singulier sur un homme de St-Claude : il s'était fait opérer un an auparavant, et l'on n'avait point fait d'injection, parce qu'il n'était sorti qu'une très petite quantité de liquide, et que la tumeur était restée trop volumineuse. La même particularité se représenta à la deuxième opération; mais, au lieu de retirer la canule de mon trois-quarts, j'enfonçai de nouveau le poinçon en le dirigeant dans un autre sens, et pénétrai alors dans la tunique vaginale; une nouvelle et plus abondante quantité de liquide s'échappa et fut remplacée par du vin chaud. Cette fois, le malade quitta l'hôpital radicalement guéri.

Il me serait difficile d'ajouter à ce que j'ai dit sur les polypes de l'arrière-gorge et de l'utérus. J'ai continué à les lier de la même manière, et les résultats que nous avons obtenus ont été à peu près les mêmes que ceux qui ont été rendus publics dans le temps.

Quant aux loupes, si j'en excepte les tumeurs enkistées du genou, toutes les autres m'ont offert des différences de forme, de volume et d'organisation si variées, que le procédé opératoire a dû être modifié suivant l'espèce particulière de la maladie. Quelquefois la tumeur, quoique d'un volume considérable, ne tient que par un pédoncule étroit, et l'extirpation en est très facile : ainsi, j'en ai enlevé de grosses comme une bouteille, comme un melon ordinaire, dont le collet n'avait que deux ou trois pouces de circonférence; d'autres fois, les loupes sont à large base, et nécessitent une grande déperdition de substance :

telle était celle que Jean Dumas portait sur les épaules en forme de besace, et que j'ai extirpée en totalité. C'était un stéatôme qui avait 32 pouces de circonférence, et qui pesa vingt livres après l'opération. Je viens d'en opérer une plus curieuse encore par sa forme et son volume, dont je conserve le dessin, et dont je crois devoir consigner ici l'observation.

Etienne Lys, âgé de 45 ans, d'un tempérament sanguin, portait depuis huit ans un lipôme à base très large, qui occupait tout le bas des lombes, plus inférieurement tout l'espace compris entre les deux grands trochanters, entourait l'anus et se prolongeait jusqu'au tiers supérieur des parties postérieure et latérale de la cuisse gauche. Cette tumeur molle, pâteuse, tout-à-fait indolente, était parvenue en quelques années au degré de développement que nous venons d'indiquer; son volume et son poids gênant singulièrement la progression, le malade vint à l'hôpital le 10 mars 1823; il supporta avec beaucoup de courage l'opération, qui fut pratiquée de la manière suivante :

Je circonscrivis la tumeur par deux incisions semi-elliptiques, avec la précaution de ménager autant que possible les tégumens ; ensuite j'en disséquai avec soin la base qui recouvrait le sacrum et les muscles de cette région : elle pesait trente-deux livres. Je liai les artères, rapprochai, au moyen de bandelettes agglutinatives, les bords de la plaie qui avait environ trois pieds de circonférence, et maintins le tout avec un bandage un peu serré. Le repos, la diète, les calmans furent prescris. Le sixième jour, je levai le premier appareil; la suppuration commençait à s'établir. Dans tous les pansemens subséquens, on avait le soin de rapprocher autant que possible les bords de la solution de continuité. Le quinzième jour, le malade fut pris d'une sueur excessive, qui ceda à l'emploi des toniques. Quelque temps après il perdit l'appétit, le sommeil, et dépérissait de jour en jour, ce qui me décida à lui faire respirer l'air de la campagne. Après vingt jours, il revint en bien meilleur état; la plaie faisait des progrès sensibles, quoique lents, vers la cicatrisation qui fut entravée par quelques légères indispositions, mais qui, cependant, fut entièrement effectuée après quelques semaines.

Dans l'état actuel de la science, il serait difficile de concevoir une opération aussi hardie, aussi brillante que celle qu'ont tentée les chirurgiens de nos jours pour les anévrismes siégeant à la partie supérieure des membres, ou dans l'intérieur même des cavités. Il fallait bien tout le sang-froid qu'on acquiert par une longue expérience, tout l'enthousiasme qu'inspire l'idée d'une grande découverte, et toute la confiance que donne l'anatomie étudiée dans ses moindres détails, pour oser se frayer des routes inconnues, et porter des moyens de compression immédiate au-dessus de la tumeur. Les succès obtenus en Angleterre et en France, par ces opérations tout à la fois hardies et ingénieuses, formeront une des belles époques de la médecine opératoire. Souvent j'ai été dans le cas de procéder à la ligature des artères principales des membres pour des anévrismes faux, et trois fois pour des anévrismes par dilatation de l'artère poplitée. J'ai déjà fait connaître celle que je pratiquai dans le mois de juillet 1818, sur Claude Henriot, et qui fut couronnée d'un plein succès. Le second malade fut moins heureux; son opération avait parfaitement réussi, lorsqu'un mois après, au moment où nous croyons pouvoir nous livrer à une pleine et entière sécurité, ce malheureux mourut subitement.

Voici la troisième observation. Je la rapporte avec tous ses détails, parce qu'elle nous offrira des résultats qu'on ose rarement espérer, même dans les cas les plus heureux.

Mathieu Maigrel, agé de 53 ans, serrurier, d'un tempérament bilieux, d'une constitution assez robuste, n'avait jamais éprouvé d'autre maladie que quelques douleurs rhumatismales contractées au service militaire, auquel il fut attaché pendant douze années. Au mois de mai 1822, Maigrel s'aperçut d'une tumeur insolite, du volume d'une noisette, et située à la partie moyenne, antérieure et un peu interne de la cuisse droite: tumeur tout à fait indolente, pour laquelle il ne conçut aucune inquiétude. Cependant elle augmentait toujours de volume, quoique d'une manière lente, puisque cinq mois après son apparition, elle égalait à peine le volume d'un œuf. A cette époque, il se manifesta des élancemens, des tiraillemens dans le membre, ce qui engagea le malade à appliquer, d'après les conseils d'une personne étrangère à l'art, des émolliens sur sa grosseur, dans l'intention de la ramollir et de favoriser son ouverture pour l'évacuation du pus que l'on supposait y être renfermé; mais bientôt cette dernière prit subitement un accroissement si considérable, que le malade effrayé, se présenta à l'hôpital dans les premiers jours de novembre 1822. A la situation de la tumeur qui était demi-sphérique et du volume d'une petite boule à jouer, à son indolence, et surtout aux pulsations isochrones à celles du pouls et à son mouvement d'expansion, il fut impossible de méconnaître un anévrisme de l'artère fémorale. L'opération paraissant urgente, fut faite le 18 novembre, ainsi qu'il suit : je fis vers le quart supérieur de la cuisse, dans la direction de la crurale, une incision comprenant successivement la peau, le tissu cellulaire et l'aponévrose. Je découvris et isolai l'artère dans une petite étendue; je passai ensuite sous elle, au moyen de l'aiguille de Deschamps, un ruban de fil ciré, que je serrai par un nœud, à un pouce au-dessous de la naissance de l'artère musculaire profonde; je plaçai une ligature d'attente un peu au-dessus de la première, pansai la plaie mollement, et appliquai un bandage roulé sur la totalité du membre malade. Les battemens cessèrent dans la tumeur, aussitôt que j'eus serré la ligature; il survint un léger engourdissement dans le membre qui avait été placé sur des coussins, et qui conserva sa chaleur naturelle. Les jours suivans, l'engourdissement avait disparu, le membre était chaud; mais il survint de la chaleur à la peau, de la céphalalgie, de la soif avec fréquence, et plénitude du pouls (tisane de tilleul et violette, potion antispasmodique). Le quatrième jour, levée du premier appareil, suppuration de bonne nature. Le cinquième, quelques élancemens se font sentir dans la tumeur, ainsi qu'une douleur assez vive dans la lèvre externe de la plaie, s'étendant jusqu'au-dedans du genou. Le sixième jour, cessation de la fièvre, désir des alimens, qui ne sont cependant accordés que vers le dixième. Les jours suivans, diminution remarquable dans le volume de la tumeur, disparition des élancemens dont elle était le siége, état très satisfaisant; la ligature tomba, et celle d'attente fut retirée le vingt-troisième jour. Le vingt-neuvième, petite hémorragie, mais qui n'eut pas de suites. A dater de ce moment, la plaie marcha rapidement vers la guérison, après l'emploi de quelques cathérétiques, et la cicatrisation fut complète au bout de deux mois. La tumeur anévrismale se trouvait alors réduite à un fort petit volume, et le malade se livrait déjà à un exercice modéré, lorsque de vives douleurs se firent sentir dans la tumeur, qui devint en même temps plus volumineuse et tendue, sans changement de couleur à la peau. Après trois jours, l'angle inférieur de la plaie s'ouvrit, et laissa sortir une grande quantité de sanie purulente, dont l'écoulement continua pendant une dixaine de jours, en diminuant toutefois progressivement. L'état du malade fut ensuite des plus satisfaisans; celui-ci sortit de l'hôpital quatre-vingts jours après l'opération, et reprit ses travaux accoutumés.

Deux mois après, Maigrel vint passer quelque temps à l'hôpital pour une douleur très vive qui se manifestait sur le trajet du nerf saphène interne, et qui céda promptement au repos et à des embrocations avec le baume tranquille et l'huile de jusquiame. Depuis lors, il a joui d'une santé parfaite, et le membre opéré est aussi fort, aussi agile que celui du côté opposé.

Enfin, Messieurs, nous arrivons à ces accidens graves qui mettent la vie des malades dans un péril imminent, si l'on ne sacrifie une partie pour sauver le tout : je veux parler des amputations, moyen extrême, dernière ressource de la chirurgie, qu'il ne faut employer que dans l'insuffisance bien reconnue des autres méthodes de traitement. Ce n'est point ici le cas de discuter ce qui est relatif à la théorie des amputations, la matière est trop vaste, et notre sujet a des limites que nous avons peut-être dépassées déjà. Je dirai seulement que les trois quarts au moins des malades amputés ont subi cette opération pour des tumeurs blanches articulaires, et que la moitié de ces dernières s'étaient exaspérées et avaient acquis ce caractère d'incurabilité, sous l'influence de mauvais traitemens, ou mieux encore entre les mains des empiriques ou des rabilleurs. J'ai fait quatorze amputations de la cuisse, trente-six de la jambe, dix de l'avant-bras, et six du bras, ce qui forme un total de soixante-cinq, sur lesquels nous en avons perdu douze. Une remarque qui ne doit point m'échapper, et qui est en opposition avec ce qu'on observe communément, c'est que ce sont les amputations de cuisse qui ont le mieux réussi, puisque sur quatorze, il n'est mort qu'un malade, et sans doute, moins de l'opération que d'une circonstance malheureuse qu'il serait inutile de faire connaître.

. . . .

Telles sont, Messieurs, les principales opérations qui ont été faites à l'Hôtel-Dieu, depuis le 1.er janvier 1818 jusqu'à ce jour. J'aurais pu y joindre les accouchemens laborieux que nous avons terminés par la version de l'enfant, l'application du forceps ou le démembrement du fœtus mort dans le sein de sa mère; mais, outre que ces cas sont fort rares dans cet hôpital, aucun d'eux ne nous a présenté de particularité digne de fixer l'attention.

Il me reste encore à jeter un coup-d'œil sur les circonstances au milieu desquelles se sont trouvés nos malades, et l'influence qu'elles ont eue sur la réussite ou l'insuccès des opérations.

J'ai toujours attaché une telle importance à la direction bien entendue des moyens hygiéniques, que souvent, lorsque j'étais contrarié par les variations brusques et continuelles de l'atmosphère, j'ajournais les opérations autant que les circonstances le permettaient. Je n'ai jamais dévié de ce principe qui n'est pas, je le sais, celui des personnes intéressées à voir délivrer sans délai le malheureux qui leur inspire quelque intérêt, et sous ce rapport, j'ai eu à me prémunir contre les influences et les suggestions exercées contre moi. Mais aussi je puis le dire hautement, j'ai eu le courage de résister, et la satisfaction de prouver plus d'une fois combien les plaintes étaient injustes et les sollicitations importunes.

Que l'on se persuade bien qu'un malade qui va subir une opération grave, se recommande toujours assez par lui-même, et que trop souvent les instances des personnes étrangères dont il implore la bienveillance, ne sont, pour l'opérateur, qu'un zèle mal entendu, qui peut le placer dans une fausse position. Son premier devoir est de soulager l'être souffrant qui vient se confier à lui, et pour arriver à ce but, tous les moyens ne sont pas également bons, tous les instans ne sont pas également propices. C'est à lui, à lui seul qu'il appartient de discerner les uns et les autres, puisque seul il est responsable, et que cette responsabilité doit le mettre au-dessus de toute influence pénible et fâcheuse. Un général, un avocat, un négociant, n'ont-ils pas le droit de disposer en secret tous leurs moyens d'attaque et de défense, de calculer toutes les chances de leurs opérations? Pourquoi voudrait-on que le médecin opérateur fût plus restreint dans les hautes fonctions qu'il exerce? sont-elles d'une importance moindre et plus à la portée du vulgaire?

Tout l'art des opérations ne consiste pas dans leur mode d'exécution; il faut aussi savoir y préparer convenablement le malade, et ne rien négliger de ce qui peut concourir à en assurer le succès. L'air qu'on respire dans cet hôpital est rarement approprié à l'état maladif de celui qui vient pour la première fois se soumettre à son influence ; il est toujours plus ou moins vicié par l'encombrement des malades dans des salles trop peu spacieuses pour la quantité de lits qu'elles renferment, par les effluves délétères qui se dégagent sans cesse des plaies, des pièces d'appareil, des excrétions ; par le voisinage d'une grande boucherie, et ces nombreux égoûts que le Rhône laisse à sec une partie de l'année. Aussi, les personnes bien portantes, et qui n'y sont pas acclimatées, ne le respirent pas impunément. Comment les malades, bien plus *impressionnables* encore, ne s'en trouveraient-ils pas incommodés? et s'il est vrai qu'un air pur soit le premier des alimens pour la santé, et le premier des remèdes pour la maladie, on concevra aisément tous les soins que nous avons pris pour prévenir, autant qu'il était en notre pouvoir, l'encombrement des salles, la malpropreté dans les pansemens, pour isoler et séquestrer les malades infectés de gangrène, pour maintenir des courans d'air propres à renouveler celui de l'appartement. C'est par-là que je suis parvenu à mettre fin à ces fièvres de mauvais caractère, et à cette complication si fâcheuse des plaies, qui firent tant de ravages en 1814 et 1815. C'est par la même raison, et pour donner aux malades le temps de s'habituer à l'air de nos rangs, que je ne les ai jamais opérés au moment même de leur admission, à moins que je n'y fusse forcé par quelque circonstance particulière.

Mais ce n'est pas seulement par les miasmes malfaisans qu'il transporte, que l'air des hôpitaux devient nuisible; sa température, qui est à peu près celle de l'air extérieur, est plus préjudiciable encore. Sur vingt malades affectés de tétanos, il y en a toujours quinze ou dix-huit qui l'ont éprouvé après un refroidissement subit. Combien de fois n'avons-nous pas vu des opérés succomber après le cinquième ou le sixième pansement, des suites d'une fluxion de poitrine contractée de la même manière? Pendant les trois mois d'hiver de l'année 1823, le froid fut si rigoureux, que nous ajournâmes au printemps suivant toutes les opérations qui pouvaient être retardées; nous n'en fîmes que trois, et nous perdîmes deux malades; tandis qu'en 1821, depuis le 1.er janvier jusqu'au mois de septembre, nous opérâmes un grand nombre de malades sans en perdre un seul.

Il est aussi plus important qu'on ne pense, pour le malade et pour l'opérateur, qu'un jour d'opération le temps soit clair et serein, et non point très chargé d'humidité, d'orages ou d'électricité. On sait combien ces variations de pesanteur ou de légèreté dans l'atmosphère, amènent des changemens marqués dans notre manière d'être et de sentir. Ce que j'ai dit à cet égard dans mon premier Compte-Rendu, en parlant des cataractes, je pourrais l'appliquer ici à toutes les opérations indistinctement, et prouver qu'un beau jour, un ciel pur et sans nuages, doivent ramener le calme dans une ame affaissée sous le poids de la douleur, tandis qu'un temps lourd, obscur et nébuleux semble contrister la nature tout entière, et à plus forte raison le malheureux qui a besoin que tout fasse diversion à sa douleur. Enfin, l'opérateur lui-même n'est pas à l'abri de ces influences atmosphériques; son imagination est plus lente, toutes ses idées sont moins claires, et la main obéit mal, lorsque l'esprit commande faiblement. Je me suis trouvé souvent dans la dure nécessité d'opérer avec ces mauvaises dispositions de l'ame et du corps, et je ne pourrais que faiblement exprimer tous les efforts qu'il a fallu faire pour m'y résigner.

A une époque peu éloignée de nous, on avait à gémir sur un abus bien déplorable, c'était celui qui permettait l'introduction d'alimens du dehors. Que de malheureux ont été victimes de leur imprudence ou de la cupidité de ceux qui venaient impunément tromper notre surveillance, pour spéculer sur la misère publique ! aussi, que d'accidens causés par des indigestions ! que de rechutes au milieu des convalescences les plus heureuses nous avions sans cesse sous les yeux ! Je puis assurer, sans crainte d'être démenti, que ce trafic honteux nous enlevait toutes les années de vingt-cinq à trente malades. Sur les uns, morts subitement, on trouvait l'estomac phlogosé ; sur d'autres, c'était la diminution de la sécrétion du pus, l'odeur particulière de ce fluide, la pâleur des chairs, qui trahissaient l'indocilité du malade. Heureusement que le remède était à côté du mal, et qu'une des premières améliorations introduites dans le régime intérieur de l'Hôtel-Dieu, a eu pour but d'exercer une grande surveillance à cet égard. Aujourd'hui nous n'avons plus à craindre de voir un tel abus se reproduire d'une manière aussi scandaleuse ; déjà les bons effets ont suivi de près la réforme, et depuis deux ou trois ans, le nombre de ces accidens a beaucoup diminué.

L'exercice et le repos, la veille et le sommeil partagent toute la vie de l'homme ; tous deux sont indispensables à son existence : l'un favorise le jeu des organes, entretient la circulation des fluides, facilite la nutrition ; l'autre répare les forces épuisées par le travail, et rend à nos tissus l'énergie que leur action prolongée leur avait fait perdre. Il serait à désirer que dans tous les grands hôpitaux, les convalescens pussent s'adonner à un genre de travail propre à essayer et à ranimer leurs forces languissantes ; alors, on ne verrait pas tant de malheureux n'avoir pour perspective de leurs longues souffrances que la misère et la mendicité. Je sais qu'il est plus facile de conseiller que de faire, et que toute innovation utile ne s'obtient qu'à force de temps et de persévérance ; mais il ne faut qu'une volonté ferme, et la conviction que le bien général le commande, pour détruire des abus qu'on ne saurait tolérer plus long-temps. J'apprends que l'Administration s'occupe à interdire l'entrée des salles d'opération au public, et j'entrevois déjà tous les avantages que l'on peut se promettre de cette mesure pleine de sagesse et de philantropie. Il est temps que le sommeil et le repos soient comptés pour quelque chose après une opération grave, et comment celui qui vient de la supporter, peut-il goûter ce calme, cette tranquillité qui lui sont si nécessaires, au milieu de tant de monde qui achètent, en entrant, le droit de troubler son sommeil; tandis que s'il est un moment où l'existence n'est plus un tourment pour lui, s'il est un moyen d'échapper à la douleur, c'est lorsqu'il peut s'abandonner au besoin irrésistible de dormir d'un sommeil calme et tranquille. Joignez à cela les propos inconsidérés des personnes qui viennent le visiter, et dont la présence est presque toujours une occasion d'enfreindre les ordres du médecin. Au mois de mai dernier, j'amputai la cuisse à Victorine Chaffanel, jeune personne intéressante sous tous les rapports; elle avait supporté l'opération avec beaucoup de courage, et nous étions arrivés au septième jour sans accident, lorsqu'un dimanche, huit ou dix personnes se présentent en même temps dans le rang où elle était couchée; on entoure son lit, on la presse de questions. Victorine s'abandonnant à l'émotion qu'elle éprouve, fait ses efforts pour témoigner sa reconnaissance, et à l'instant, une hémorragie foudroyante se manifeste. Je suis appelé auprès d'elle, et la trouve baignée dans son sang; je crus que sa dernière heure allait sonner;

j'enlève précipitamment toutes les pièces d'appareil, j'exerce un point de compression dans le fond de la plaie, le sang cesse de couler, et je commence à concevoir quelques espérances. M. l'économe, dont le zèle n'est jamais en défaut, me propose de faire placer une sentinelle à côté de la malade. J'accepte son offre obligeante, et nous parvenons ainsi à la soustraire à de nouvelles importunités et à conserver ses jours.

S'il est facile, avec des intentions pures, avec des magistrats éclairés, de détruire les vices inhérens aux grands hôpitaux; si déjà tout ce qui a rapport au régime intérieur a subi d'utiles changemens, il ne faut pas oublier que la charité bien entendue ne consiste pas seulement à fournir les objets de première nécessité, mais encore les consolations qui sont à l'ame ce que les remèdes sont au corps. Plus un être souffrant est dénué de ressources, plus il a droit aux égards, aux prévenances de ceux qui se vouent à son service. Quel que soit le rang qu'il occupe, le pays qui le vit naître, ou la religion qu'il professe, n'importe, il est homme et doit être traité comme tel. C'est un devoir pour nous de lui prodiguer tous nos soins et de lui offrir toutes les consolations qu'il ne peut se procurer ailleurs.

Que l'on ne s'imagine pas que des dehors grossiers, des manières communes, décèlent toujours une ame peu sensible ou indifférente aux bons procédés. Au contraire, celui qui tient tout de la bienfaisance d'autrui, et qui ne peut payer au poids de l'or les services qu'il en attend, sera plus sensible aux soins, aux attentions qu'on voudra bien lui prodiguer; mais il faudra étudier ses mœurs, ses habitudes, et s'accommoder à la trempe de son esprit. Il ne faut jamais oublier qu'avec de la franchise, et même de la familiarité, on leur inspire souvent plus de confiance, et on les amène plus facilement au but qu'on s'est proposé. L'art de persuader les malades exige beaucoup de tact et de pénétration. Quelquefois on ne parvient à les convaincre que par la douceur et la patience; il faut, dans quelques circonstances, savoir leur parler avec fermeté, toujours avec assurance, mais ne jamais les contraindre. Tous ceux qui ont exercé la chirurgie dans les grands hôpitaux, savent que les opérations réussissent rarement sur les malades craintifs, indécis, qui s'exagèrent d'avance, et les souffrances et les suites de l'opération, tandis qu'on est toujours fondé à espérer des résultats favorables chez ceux qui savent s'y résigner de bonne heure, qui, loin de s'abandonner à l'effroi qu'elle inspire naturellement, l'envisagent comme un terme à leurs souffrances, et la réclament comme un bienfait. Ce courage que donne à l'homme souffrant le désir de sa conservation, influe plus qu'on ne pense sur celui de l'opérateur ; souvent c'est la sécurité de l'un qui décide la détermination de l'autre; quelquefois aussi un malade, sans manquer dc courage, ne peut calculer froidement les chances de l'opération qu'on lui propose ; irrésolu sur le parti qu'il doit prendre, il balance encore entre la douleur d'un moment et l'espoir d'une prompte guérison ; mais il suffit de la moindre circonstance pour le déterminer, et c'est au chirurgien à savoir la saisir à propos. Une des respectables sœurs de cette communauté, portait depuis 28 ans un cancer au sein, et n'avait jamais voulu se soumettre à l'opération. J'appris un jour, qu'elle visitait fréquemment, et à mon insu, une dame que j'avais opérée dans l'hôpital pour la même maladie ; je ne fus point étonné du parti prompt et invariable qu'elle prit, et dont elle vint me faire part de suite : nous étions alors dans les fortes chaleurs du mois d'août. Quoique le moment ne fût pas favorable, je me gardai de lui donner le temps de se rétracter ; l'opération fut faite aussitôt que demandée, et malgré l'âge avancé de la malade, sa constitution pléthorique, le volume du sein qui pesait neuf livres, nous obtînmes un succès complet ; je dis complet, puisqu'il y a cinq ans et demi que la sœur Glénard est opérée, et qu'elle jouit d'une santé parfaite.

J'ai vu maintes fois les malades non-seulement refuser les opérations, mais encore opposer la plus grande répugnance aux pansemens qui pouvaient les y soustraire, et s'abandonner avec sécurité à ceux qui avaient su capter leur confiance. Le jeune Claude Pesiot se présente à l'Hôtel-Dieu avec une de ces tumeurs blanches du genou, qui s'accompagnent de la rétraction des muscles fléchisseurs de la jambe ; celle-ci formait, avec la cuisse, un angle très aigu ; plusieurs dépôts froids s'étaient ouverts sur différens points du membre malade ; cet enfant était dans un état de fièvre lente, et contracta la petite vérole qui aggrava encore sa position. Au milieu de toutes ses souffrances, il était devenu si craintif et si irritable, que la vue seule de son chirurgien lui faisait jeter les hauts cris. J'essayai de le panser moi-même, et ne réussis pas mieux ; enfin, j'abandonnai ce soin à un sergent de grenadiers qui couchait à ses côtés. Ce brave militaire avait pris l'enfant en affection ; il passait tous les jours deux ou trois heures à le consoler et à le panser. Petit à petit il parvint à étendre la jambe sur la cuisse, fixa le membre dans une gouttière de bois ; les ouvertures fistuleuses se sont cicatrisées, le genou a diminué de volume, les surfaces articulaires se sont ankilosées, et l'on peut voir l'enfant se promenant tous les jours dans la salle, en se soutenant avec une seule béquille, qui bientôt ne lui sera plus nécessaire.

Nous pourrions multiplier ici les exemples, pour prouver combien il est avantageux de savoir à propos exercer une influence morale sur les malades de tout âge, de tout sexe et de toute condition : mais pourquoi nous arrêter plus longtemps sur de semblables réflexions ; elles pourraient servir peut-être dans ces hospices où les malades ne voient autour d'eux que des infirmiers qu'y retient l'espoir d'un vil salaire, et ne seraient d'aucune utilité pour des sœurs que la religion et la charité seules appellent à cette mission.

Il est bien doux pour moi, Messieurs, de n'avoir à signaler que des inconvéniens déjà prévus, et qui bientôt n'existeront plus, d'entrevoir comme très prochaine l'époque où tout doit concourir à illustrer de nouveau la chirurgie lyonnaise, et seconder les talens distingués, le zèle et l'ardeur infatigables de celui qui est appelé à me succéder; la récompense due à ses premiers travaux se prépare, je ne veux pas la retarder plus long-temps; je ne puis que former des vœux bien sincères pour l'accomplissement des destinées nouvelles qui lui sont promises, et l'assurer, par mon expérience, qu'au milieu de tant de peines et de fatigues qu'il aura à supporter, il est des jouissances auxquelles l'ame ne saurait rester insensible; lorsque l'heure de la retraite aura sonné pour lui, il sentira, comme moi, qu'on ne quitte pas, sans une vive émotion, des habitudes contractées dès la première jeunesse, qu'on ne s'éloigne pour toujours de l'asile du pauvre, où l'on croit avoir fait quelque bien, sans éprouver le regret de n'avoir fait plus encore. Mais il lui restera la douce consolation d'avoir rempli sa tâche dans l'intérêt général et dans le sien propre; car les grands hôpitaux sont de véritables écoles de philosophie-pratique, où l'ame se retrempe d'une nouvelle énergie. Quel est celui qui, après avoir contemplé long-temps ce spectacle de toutes les misères humaines, oserait encore se dire malheureux? quel est le médecin qui, ayant consacré tous ses efforts au bonheur des autres, ne croirait aussi avoir beaucoup acquis pour le sien?

Qui mieux que vous, Messieurs les Administrateurs, peut apprécier la vérité de cette maxime, vous qui n'avez d'autre but, dans les nobles fonctions que vous exercez, que d'être utiles à vos semblables, qui n'en attendez d'autre récompense que celle d'être placés au nombre des bienfaiteurs de l'humanité? D'autres vous rendront un hommage plus digne, et de vos talens et de vos vertus; mais ils ne sentiront pas mieux que moi toute l'étendue des obligations qu'ils ont contractées envers vous, et que j'exprime ici pour la dernière fois.

FIN.

www.ingramcontent.com/pod-product-compliance
Ingram Content Group UK Ltd.
Pitfield, Milton Keynes, MK11 3LW, UK
UKHW012228240726
13966UKWH00003B/997

9 782012 8807